D1687643

Eine kulinarische
Entdeckungsreise

Magdalena Ringeling • Mechthild Schneider

Eine kulinarische Entdeckungsreise

DURCH DAS SAARLAND

UMSCHAU

INHALT

KARTE — 8	Hotel zur Post & Weinrestaurant Postillion — 26 Blieskastel *Gefülltes Schweinefilet mit Champignons in Sahne*	SAARBRÜCKEN – BAROCKE GEBÄUDE — 40 UND INTERNATIONALER GOURMET-MARKT
VORWORT — 10		apero Feinkost & Bistro — 44 Saarbrücken-St. Arnual
VON DER SCHLOSSBERGHÖHLE — 14 IN HOMBURG ZUM WALLFAHRTSORT BLIESKASTEL	Sengscheider Hof — 28 St. Ingbert-Sengscheid *Rosenparfait*	Cuisine Philipp — 46 Saarbrücken *Pot au feu de la mer*
Landhaus Rabenhorst — 18 Homburg *Spargelsalat mit gebratenen Garnelen*	Annahof — 30 Blieskastel-Niederwürzbach	Martinshof Stadtladen — 48 Saarbrücken
Petit Château — 20 Homburg-Schwarzenbach *Tatartörtchen vom Rinderfilet mit Kartoffelrösti und Wachtelspiegelei*	DER BLIESGAU – BIOSPHÄRENREGION, — 32 KLOSTERMAUERN UND ORCHIDEENPRACHT	Trattoria Toscana — 50 Saarbrücken
	Gräfinthaler Hof — 34 Mandelbachtal *Geschmorte Rinderbäckchen mit Dornfeldersauce*	Pizzeria Ristorante Da Toni — 51 Saarbrücken
Issimo – Italienische Feinkost — 22 Homburg *Risotto al Balsamico di Modena Riserva*		Tourismus Zentrale Saarland — 52 Saarbrücken
HP's Restaurant „Die Linde" — 24 Homburg-Schwarzenbach *Gefüllte Rinderfilettasche mit Teignocken*	Kochkultour Kai Mehler — 38 Gersheim	Die Bauernstube — 54 Saarbrücken-Dudweiler *Lammrückenfilet unter Minz-Kräuterkruste*

Schloss Dagstuhl, Wadern

INHALT

Forsthaus Neuhaus
Saarbrücken	56
VOM GRUBENBAU ZU INNOVATIVER TECHNIK UND NATURPRODUKTEN	58
Altes Pförtnerhaus
Quierschied
Bachsaibling an Pfifferlingen	62
IKS Industriekultur Saar
Quierschied-Göttelborn	64
WZB Wendelinushof
St. Wendel	68
WELTKULTURERBE VÖLKLINGER HÜTTE UND NATUR IM EINKLANG	70
Gasthaus Rech
Eppelborn-Habach
Mille feuille vom Seeteufel	74
Party Service Kurt Haas
Heusweiler-Obersalbach	76
Bistro im Bahnhof
Püttlingen	78
Parkhotel Albrecht
Völklingen	80
Hotel Mühlenthal
Schwalbach-Elm	82
Restaurant Mühlenthal
Schwalbach-Elm
Rumpsteak mit gerösteter Cashewkernkruste auf Dijon-Senfsoße	83
HISTORISCHES FLAIR IN SAARLOUIS UND ERHOLUNG IM NIEDTAL	84
Akzent Hotel Posthof
Saarlouis
Pochierter Atlantik-Lachs	86
D'Angelo Pasta
Saarwellingen	88
Fischrestaurant Simo
Wallerfangen
Kabeljaurückenfilet mit Kräuterkruste auf Blattspinat und Champagnersoße	90
Restaurant Niedmühle
Rehlingen-Siersburg / Eimersdorf
Gänsestopfleberterrine	92
WÖLFE, SINNESERFAHRUNGEN UND ERLEBNISSHOPPING	94
Café Kaufhaus Kahn & KüchenMeisterei
Merzig	96
Ratsstube & Gästehaus Blasius
Merzig
Kartoffelpuffer mit Lachs und Blattspinat	98

Blick auf Tünsdorf

Bäckerei Tinnes
Merzig	100	ERHOLUNG RUND UM DEN KURORT
WEISKIRCHEN	112	Weintreff Magdalenenkapelle
St. Wendel
Schwarze Pasta mit Riesengarnelen	122
Fischrestaurant Forellenhof
Bietzen
Räucherforelle mit Meerrettichsoße	102	Parkhotel Weiskirchen
Weiskirchen
*Jakobsmuscheln auf Weißweinbutter
mit Mangold und Limonenrisotto*	114	Rosenhotel-Restaurant Scherer
Schiffweiler
*Roulade von Lachs- und Zanderfilet an
Krebsbuttersauce und Gemüse-Couscous*	124
AUF RÖMERSPUREN DURCH DAS
DREILÄNDERECK DEUTSCHLAND,
FRANKREICH UND LUXEMBURG	104	La Küsine
Losheim am See
Lammspieße	116	Grill au Bois
Neunkirchen	126
Weingut Karl Petgen
Nennig	106	WASSERFREUDEN, HISTORISCHE ORTE,
SKULPTUREN UND ROSEN	118	KULINARISCHE EMPFEHLUNGEN	128
Victor's Residenz-Hotel Schloss Berg
Perl-Nennig	108	Schmidt Küchen
Türkismühle	120	VERZEICHNIS DER REZEPTE	132
Weingut Herber
Perl	110			IMPRESSUM	136

Saarland

Die Zahlen 38 sind identisch mit den Seitenzahlen der einzelnen Betriebe in diesem Buch und bezeichnen ihre Lage in der Region.

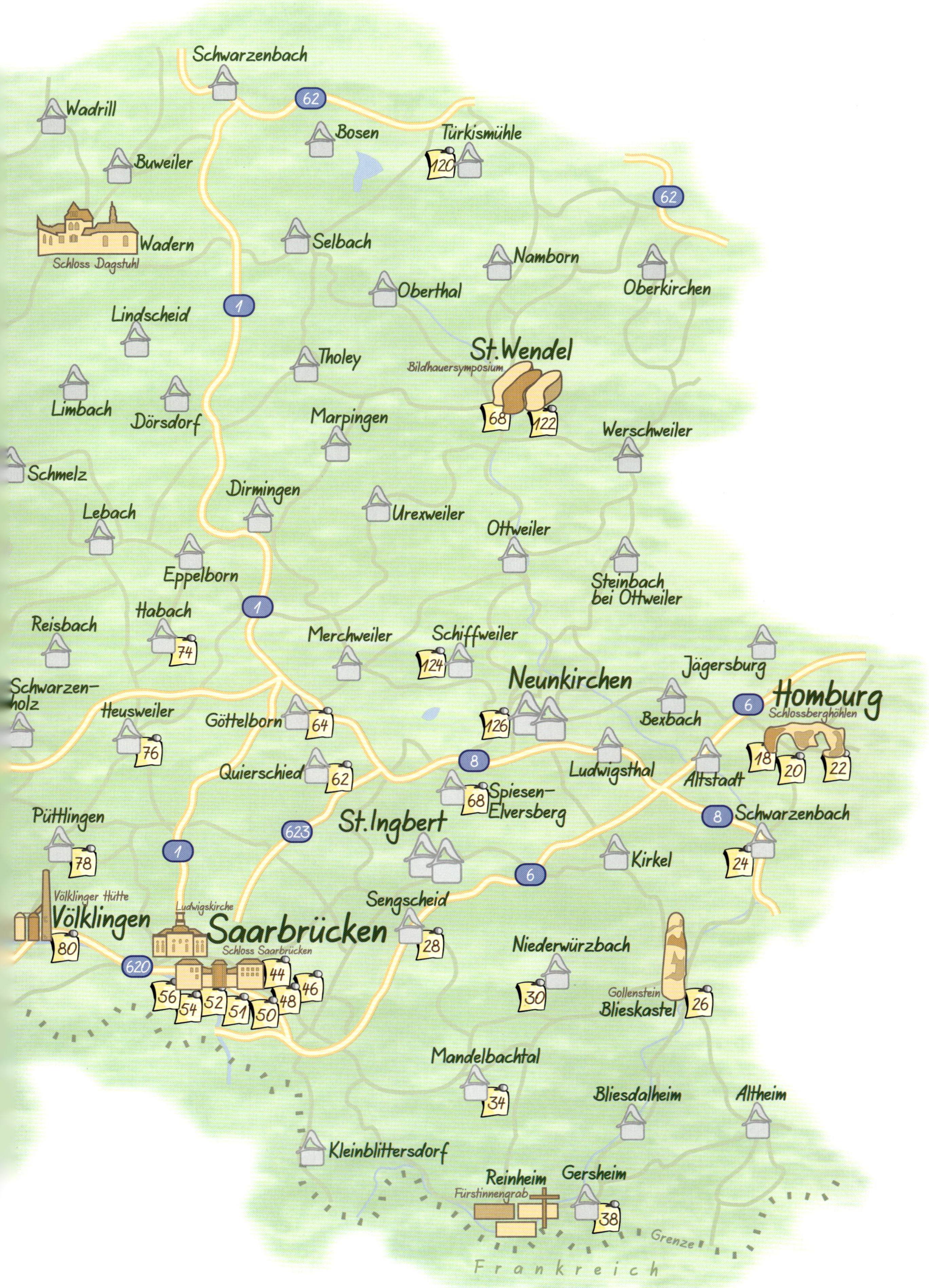
Schwarzenbach
62
Wadrill
Bosen
Türkismühle
120
Buweiler
62
Wadern
Schloss Dagstuhl
Selbach
Namborn
Oberthal
Oberkirchen
1
Lindscheid
St.Wendel
Bildhauersymposium
Tholey
Limbach
Dörsdorf
Marpingen
68
122
Werschweiler
Schmelz
Dirmingen
Lebach
Urexweiler
Ottweiler
Eppelborn
Steinbach bei Ottweiler
1
Habach
Reisbach
74
Merchweiler
Schiffweiler
124
Jägersburg
Neunkirchen
Homburg
Schlossberghöhlen
Schwarzen-holz
Heusweiler
Göttelborn
64
126
Bexbach
6
76
8
Quierschied
62
Ludwigsthal
Altstadt
18
20
22
Spiesen-Elversberg
68
8
Schwarzenbach
Püttlingen
St.Ingbert
623
1
78
Kirkel
24
6
Völklinger Hütte
Völklingen
Ludwigskirche
Saarbrücken
Sengscheid
Schloss Saarbrücken
80
28
Niederwürzbach
620
44
46
56
54
52
51
50
48
30
Gollenstein
Blieskastel
26
Mandelbachtal
34
Bliesdalheim
Altheim
Kleinblittersdorf
Reinheim
Gersheim
Fürstinnengrab
38
Grenze
Frankreich

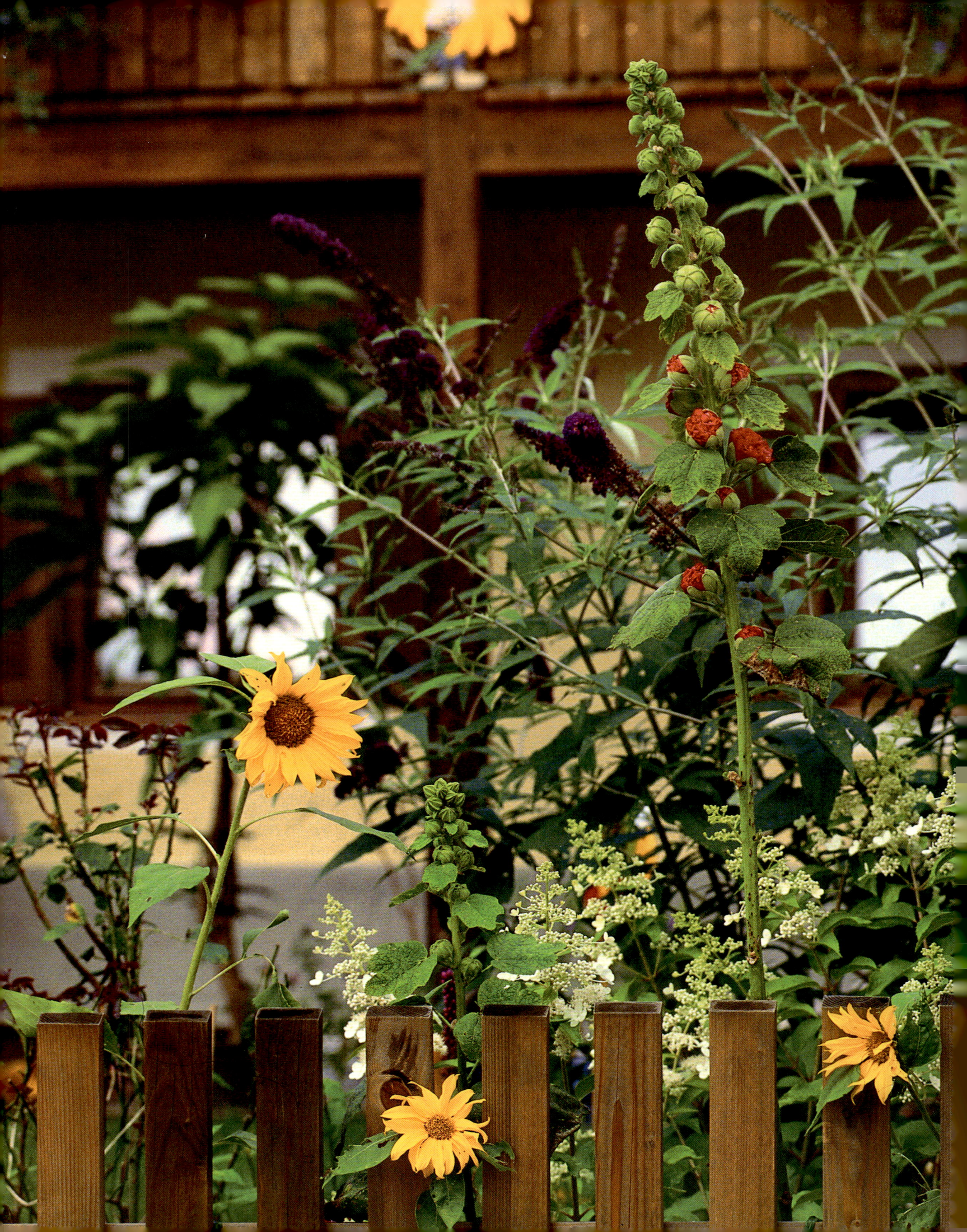

VORWORT

Das Saarland weckte immer wieder Begehrlichkeiten anderer Länder und wechselte in 200 Jahren achtmal die Nationalität. Erst 1957 kam es wieder zu Deutschland, war damals das 10. Bundesland. Das flächenmäßig kleinste deutsche Bundesland wird heute als gleichberechtigter Partner von den französischen und luxemburgischen – natürlich auch den rheinland-pfälzischen – Nachbarn wahrgenommen und zahlreiche kulturelle wie gesellige grenzübergreifende Projekte sind eine Bereicherung für die Bewohner.

Lange Zeit war das Saarland vorwiegend als Industrieregion bekannt. Die Spuren des Untertagebaus sind quer durchs Land sichtbar, haben aber heute eine neue Qualität erreicht. Viele Minen sind stillgelegt, Ansiedlungen neuer Technologien sollen den Strukturwandel erleichtern und die alten Industriedenkmäler werden mit neuem Leben gefüllt. Besonders deutlich wird dies im Raum Völklingen und Quierschied, wo der Strukturwandel bereits Früchte trägt. Neben den Überresten des Untertagebaus belegen auch vielerorts archäologische Funde die Spuren der Römer.

Die Jahre unter französischer Herrschaft sind nicht nur anhand der Bauwerke erkennbar, viele wurden unter Louis XIV. von seinem Lieblingsbaumeister Vauban entworfen, sondern an den Gerichten. Die Bouillabaisse oder Pot au feu sowie Fischspezialitäten sind kein neuer Trend, sondern hier schon immer üblich. Die Kochkultur ist hoch entwickelt, die Dichte der Spitzenköche enorm.

Typisch saarländisches Essen zu beschreiben ist nicht leicht, zu unterschiedlich sind die Schwerpunkte. Es wird mit vielen frischen Kräutern gekocht, die Soßen sind delikat, aber leichter als bei den französischen Nachbarn und oft werden Salate serviert. Ein heiß begehrtes Essen ist der Schwenkbraten, der in den einfachen Gasthäusern genauso gern bestellt wird wie in gehobenen Häusern.

Auf Waldflächen und Wiesen sowie sanften Hügeln gibt es hervorragende Radwege, Mountainbike-Strecken und schöne Wanderwege. Kuren und Sonnenbaden oder Schwimmen lässt sich gut verbinden in Weiskirchen und am Losheimer See. Eine Moseltour und Weingenuss sind empfehlenswert in der Region um Perl, die als einzige saarländische Gemeinde Reben anbaut. Herrliche Parks und Steinskulpturen sind nahe St. Wendel ebenso zu finden wie bei Merzig. Köstlichkeiten wie frische Forellen oder herrliche Pasta begegnen uns auf dem Weg von Merzig bis Saarlouis. Spezialitäten von handgeschöpftem Ziegenkäse bis zu feinen Ölen und natürlich Schwenkbraten sind in Saarbrücken gut erhältlich. Die Altstadt und auch der grüne Gürtel lohnen als Ausflugsziele.

Ruhesuchende werden das Mandelbachtal, Niederwürzbach und Sengscheid lieben und in Blieskastel oder Homburg warten wieder etliche Sehenswürdigkeiten sowie Köche, die Regionales, wie Kartoffelkloß mit Blutwurst gefüllt, wunderbar zubereiten, ebenso wie gebeizten Lachs mit Kartoffelpuffern oder für Naschkatzen einen Schokoladenbrunnen mit frischem Obst. Die Reise durch das kleine, aber feine Saarland wird auf diese Weise zum Genuss.

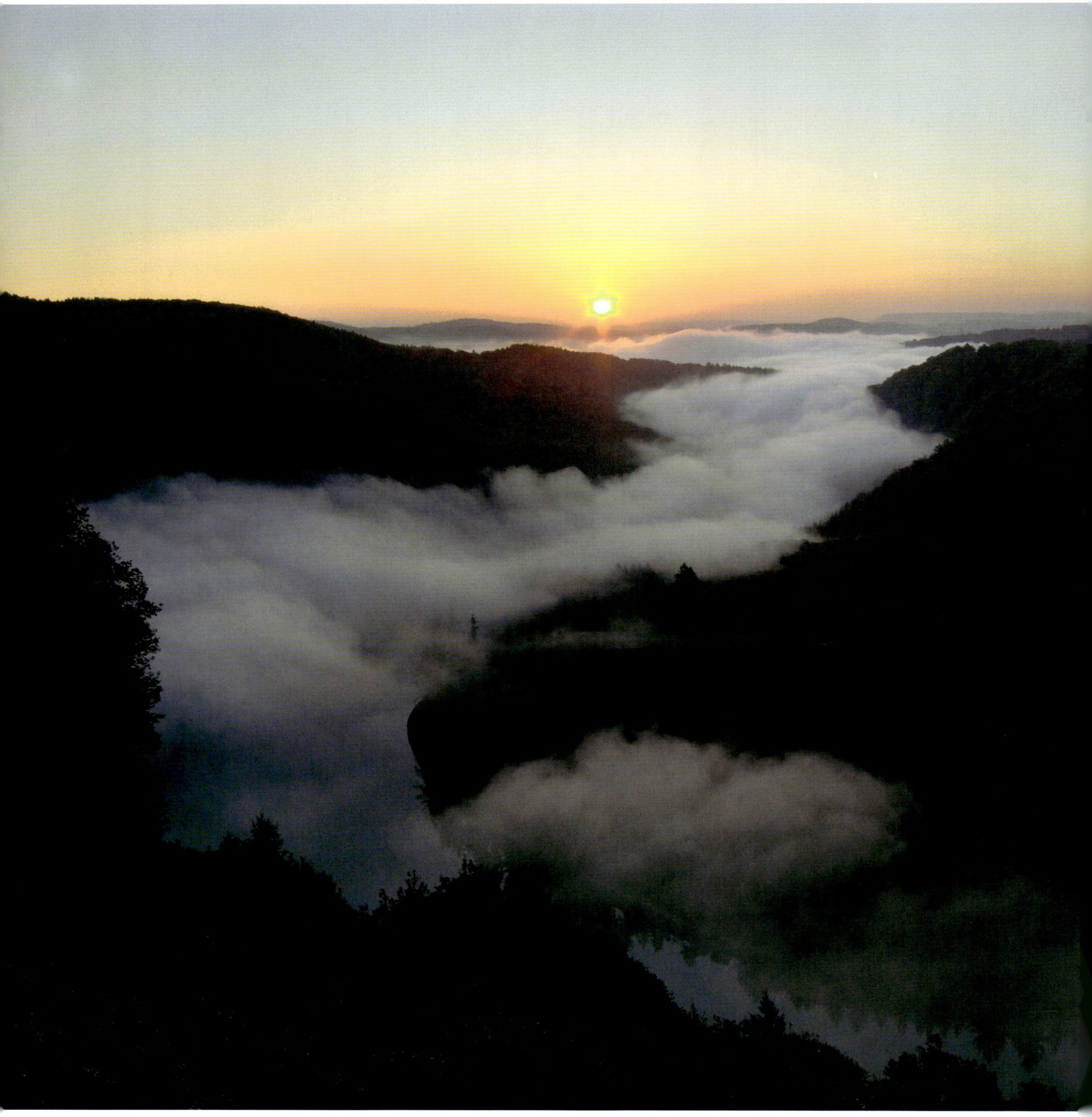

Saarschleife

VON DER SCHLOSSBERGHÖHLE IN HOMBURG ZUM WALLFAHRTSORT BLIESKASTEL

Schlossberghöhlen, Homburg

Die ersten Siedlungen auf Homburger Gebiet wurden bereits zur Römerzeit angelegt. Interessante Ausgrabungen in Schwarzenacker, als Freilichtmuseum konzipiert, belegen dies. Eine herrliche Entdeckungsreise ist auch der Gang durch die Schlossberghöhle, die als größte Buntsandsteinhöhle Europas gilt. Sie gehörte zur Festung Hohenburg und wurde 1930 wiederentdeckt. Schon aus der Ferne gut sichtbar ist die Barockkirche St. Peter und Paul, die um 1750 erbaut wurde, später restauriert und die sich heute mit zwei Glocken aus den Jahren 1786 und 1859 schmückt. Auf den Spuren von Reichsgraf Franz Karl von der Leyen und seiner Frau Gräfin Marianne kann man in Blieskastel wandern.

Die gallorömischen Ansiedlungen im heutigen Homburg gehen auf die Jahre 160 bis 400 vor Christi zurück. Die auf dem Schlossberg gelegene Hohenburg war die Vorlage für den Stadtnamen. Ab dem 12. Jahrhundert wurde die Burg zum Sitz des Grafen von Homburg und unter neuer Regentschaft im 16. Jahrhundert zum Renaissance-Schloss umgebaut. Später wurde das Territorium Frankreich zugeschlagen und König Ludwig XIV. ließ das Schloss zur Festung ausbauen. In dieser Zeit entstanden viele Festungsanlagen und Straßenanlagen, die noch in der Altstadt sichtbar sind.

Die Buntsandsteinhöhle liegt oberhalb der Stadt. Das Gestein des gesamten Höhenzuges ist laut Experten vor 250 Millionen Jahren entstanden. Die Höhle wurde durch den Sandsteinabbau „geboren". Der hohe Quarzanteil wurde für die Glasfertigung benötigt und zurück blieb das harte rote Gestein, welches sozusagen das Gerüst bildet.

Die Schlossberghöhle besteht aus 12 Stockwerken. Mächtige Kuppelhallen mit kilometerlangen Gängen sind erhalten und ergeben ein imponierendes Naturdenkmal. Aus Sicherheitsgründen war die Anlage mehrere Jahre geschlossen, wurde aber mit großem Aufwand saniert. Derzeit kann eine Etage

Von der Schlossberghöhle in Homburg zum Wallfahrtsort Blieskastel

erkundet werden. Unter fachkundiger Führung in der kühlen, aber beeindruckenden Unterwelt kann man viel über die Nutzung der Höhlen erfahren, die eine Zeitlang auch als Schutzbunker dienten. Vor allem aber erstaunt die Schönheit der Hallen.
Nach den Eindrücken unter Tage hält die Faszination noch lange an. Doch eine weitere Sehenswürdigkeit, die für die ganze Familie Aufregendes verspricht, liegt in der Nähe. In Schwarzenacker gibt es nicht nur bequeme Wanderwege, sondern ein überregional bekanntes prächtiges Freilichtmuseum mit Gebäuden und Fragmenten aus der Römerzeit. Die Anordnung gleicht einer Etappenstadt. Häuser, Gärten und Mauern, Straßen und Kanäle sind erkennbar. Man kann lustwandeln auf dem Säulengang oder ehrfürchtig das barocke Edelhaus betreten. Dort lässt sich das Leben der einstigen Bewohner nachvollziehen. Handwerkliche und künstlerische Funde sowie Haushaltsgegenstände sind liebevoll aufgebaut und geben Anregungen zu weiteren Nachforschungen. Beim regelmäßig stattfindenden Tag der offenen Tür sind auch handwerkliche Tätigkeiten zu bestaunen.

Paradeplatz, Blieskastel

Römermuseum, Homburg-Schwarzenacker

Lebendige Geschichte ist ebenfalls in Blieskastel erlebbar. Reichsgraf Franz Karl von der Leyen und seine Frau Gräfin Marianne verlegten ihre Residenz 1773 von Koblenz nach Blieskastel. Die vorhandene Burg ließen sie entfernen und eine großzügige Schlossanlage erbauen. Diese wurde später zerstört, aber der zweigeschossige „Lange Bau" blieb erhalten, er ist als Orangerie ein attraktiver Anziehungspunkt. Der Dreh- und Angelpunkt für die Besucher war schon zur Zeit der gräflichen Präsenz der Paradeplatz, der irgendwie nostalgische Gefühle aufkommen lässt.

Seinen Ruf als Wallfahrtsort im Bistum Speyer hat Blieskastel „unserer lieben Frau mit den Pfeilen" zu verdanken. Als im Mittelalter marodierende Soldaten bei Bebelsheim einen Eremiten überfielen, der ein Vesperbild verehrte, beschoss die vagabundierende Soldatin der Erzählung nach die Marienstatue. Ihre Pfeile blieben in der Schnitzerei stecken und aus den Einstichen floss Blut. Dieses heilte die kranken Augen der Gräfin Elisabeth von Blieskastel, welche aus Dankbarkeit Mitte des 13. Jahrhunderts ein Kloster gründen ließ. Die Statue der Pfeilen-Madonna ist heute auf der Kanzel der Kapelle Heilig Kreuz zu bewundern. Interessant sind zudem die Kreuzigungsgruppe sowie der Kreuzweg Christi und ein Heiliges Grab vor dem Gotteshaus.

Homburg

LANDHAUS RABENHORST

**Hotel-Restaurant
Landhaus Rabenhorst**

Am Rabenhorst 1
66424 Homburg

Telefon 0 68 41 / 9 33 00
Telefax 0 68 41 / 93 30 30

www.hotel-rabenhorst.de

Die kecken schwarzen Vögel kennen sicher das ruhig gelegene „Hotel-Restaurant Landhaus Rabenhorst", das ihren Namen trägt. Doch intelligent, wie sie sind, schauen sie lieber aus dem sicheren Versteck auf die parkähnliche Anlage mitten im Wald, in der sich Übernachtungs- und Restaurantgäste offensichtlich wohlfühlen. Die gehobene Küche und der gute Komfort bezaubern die Besucher.

Das ursprünglich private Wochenenddomizil des Industriellen Rabe wurde 1930 gebaut und drei Jahre später an Margarete Krauter verkauft. Über Jahrzehnte betrieb sie, später andere Gastronomen, das Haus als Ausflugsgaststätte. Petra und Bernhard Pinl erwarben das Anwesen in den Neunzigern und verwandelten es durch Um- und Anbauten sowie ein ausgesprochen stilvolles Ambiente in ein hochwertiges Restaurant und 3-Sterne-Superior-Hotel mit familiärer Note. Die Räumlichkeiten sind unterschiedlich gestaltet und aufwendig sowie liebevoll von Petra Pinl dekoriert. Vor allem für Feiern sehr angenehm sind die einzelnen Terrassen an jedem Saal. Weiß und Rosé geben dem Hauptrestaurant „Landhausstube" einen verspielt eleganten Rahmen, der gut zu den kreativen Rezepten passt. Bernhard Pinl bereitet die regionalen sowie gehobenen Speisen stets aus frischen Zutaten zu und würzt gern mit Kräutern aus dem eigenen Garten. In der „Landhausstube" bietet er schwäbisch-hällisches Jungschwein und Kartoffelkloß mit Blutwurst gefüllt genauso wie Fisch und Meerestiere. Interessant ist das tägliche 3-Gang-Menü, welches drei verschiedene Kombinationen ermöglicht, die von den Gästen gern genutzt werden.

In dem leicht rustikalen Flair der „Bliesgaustube" wird Regionales wie Ochsenbrust vom Bliesgaurind serviert neben Schinkenplatten oder Halbmeter-Bratwürsten. Die „Rabenhorststube" sowie die Salons „Rossberg" und „Mersburg" werden vorwiegend für Feiern und Bankette genutzt. Möglich sind diese aber in allen Räumen und bis zu 250 Personen. Eine Liebhaberei des Küchenchefs ist sein „Gourmetrestaurant Toscana". Die Pastelltöne, die an südliche Gefilde erinnern, kündigen an, dass hier die leichte mediterrane Küche gepflegt wird. Bernhard Pinl kreiert

HOMBURG

für seine Feinschmecker 5- und 7-Gang-Menüs, die oftmals Lamm- oder Fischspezialitäten beinhalten und stets für Aufmerksamkeit sorgen.

Mit vorzüglichen Weinen oder einem Kaffee macht man es sich im „Restaurant Rabenhorst" gern länger gemütlich und lässt sich von Petra Pinl beraten. Als Expertin erlesener Destillate empfiehlt sie aus den 118 verschiedenen „Wässerchen" garantiert die richtige Abrundung. Ruhig und dezent leitet sie den Restaurantservice und kümmert sich mit ihren fleißigen Raben um das Wohl der Gäste. Mehrere Auszeichnungen renommierter Restaurantführer belegen, dass die raffinierte Küche und kompetente Beratung ankommen. Die waldreiche Umgebung und interessante Ausflüge zu römischen Ausgrabungen oder in den Kulturpark Bliesbrück sowie die bequem erreichbaren Städte reizen dazu, im „Hotel Rabenhorst" einige Urlaubstage zu verbringen. Das zeitlos elegante Haus verfügt über alle Annehmlichkeiten, vom Fernseher über Modem bis zu dem täglich gelieferten frischen Obst und Mineralwasser. Eine Suite und 22 Zimmer, teils mit Balkon, stehen zur Verfügung und eine Sauna zum Relaxen. Verschiedene Arrangements, wie „Kultur und Shopping" oder „Golfen und Genießen", bieten interessante Angebote für jedes Alter. Tochter Angela Pinl ist als kompetente Ansprechpartnerin für die Hotelgäste zuständig und hilft gern mit Tipps für Besichtigungen oder Wanderwege weiter. Entspannen und Genießen im „Rabenhorst" bringt neue Impulse für den Alltag und ein netter Abend zu zweit mit ausgefallenen Speisen ist wie ein kleiner Urlaub, vorausgesetzt, man gönnt ihn sich.

Spargelsalat mit gebratenen Garnelen

Zutaten

16 Stangen grüner Spargel, geschält

75 g gekochter Schinken

2 hart gekochte Eier

2 EL Mayonnaise

4 EL Sahne

3 EL weißer Balsamico-Essig

12 Garnelen à 50 g

1 Tomate

2 Knoblauchzehen

Olivenöl und Butter zum Braten

Schnittlauch und Petersilie

Salz und Pfeffer aus der Mühle

Zubereitung

Den Spargel (ohne Köpfe) 8 Minuten kochen, in Eiswasser abkühlen. In etwa 1 Zentimeter breite Stücke schneiden. Den gekochten Schinken und die Eier würfeln. Aus der Mayonnaise, Sahne, Essig, Salz und Pfeffer eine Marinade herstellen, vermengen und ziehen lassen. Die Garnelen schälen, den Darm entfernen, abwaschen. Tomaten entkernen und würfeln, die Kräuter hacken. Die Garnelen in heißem Öl circa 1–2 Minuten braten, kurz vor Ende der Garzeit die Butter, Tomatenwürfel, den gepressten Knoblauch und die Kräuter dazugeben und würzen. Als Garnitur eignen sich dunkle Balsamico-Creme, Dillzweige und Cherrytomaten.

PETIT CHÂTEAU

Restaurant Gästehaus Petit Château

Alte Reichsstraße 4
66424 Homburg-Schwarzenbach

Telefon 0 68 41 / 1 52 11
Telefax 0 68 41 / 12 01 53

www.petit-chateau.de

Wohltuende Ruhe umgibt das „Schlösschen" von Rita und Erich Huber, die hier seit Januar 2000 ihr Restaurant und inzwischen auch ihr Gästehaus „Petit Château" führen. In den eleganten Räumen werden die Besucher mit gehobener Küche und angenehmem Service verwöhnt. Das Motto des gastronomisch versierten Ehepaars, „gönnen Sie sich etwas Urlaub vom Alltag", ist hier keine Floskel, sondern erlebbar.

Romantisch wie ein Sonnenuntergang wirkt das in warmen Gelb- und Blautönen gehaltene elegante Hauptrestaurant, mit Blick ins Grüne oder im Winter zum knisternden Kamin. Vom lichtdurchfluteten Wintergarten aus kann man der Spitzenköchin Rita Huber ungeniert beim Zubereiten zuschauen oder einen Blick auf die schöne Terrasse werfen. Für Raucher wurde ein großzügiger Bereich, einer Genuss-Lounge vergleichbar, eingerichtet. In dem behaglichen Ambiente aller Räume sind private wie betriebliche Veranstaltungen gut aufgehoben. Ausgesprochen begehrt ist auch der idyllische Garten mit herrlicher Terrasse und bequemen Sitzmöbeln.

Die natürliche Art und das fachliche Wissen von Rita und Erich Huber begeistern auch weitgereiste Gourmets, die wie die Stammgäste stets mit ausgefallenen Kreationen verwöhnt werden. Als versierte Köchin mit über 30-jähriger Erfahrung zaubert Rita Huber vorzügliche Fischgerichte genauso delikat wie köstliches Lamm oder einfallsreiche Desserts. Sie bevorzugt den mediterranen, französisch angehauchten Stil und interpretiert regionale Spezialitäten neu. So bietet sie ganzjährig eines der Gourmet-

HOMBURG-SCHWARZENBACH

Menüs unter dem Titel „Herzogliche Landpartie" an, speziell entwickelt als Hommage an die Saarländische Barockstraße.
Zu einer gesunden und feinen Küche gehört für die von mehreren Restaurantkritikern hochgelobte Rita Huber das Kochen mit saisonalen und regionalen Produkten. Die oft wechselnde Karte sowie Degustationsmenüs und Spezialitätentage begeistern die Gäste und – wenn es die Zeit mittags zulässt – sind auch Wunschessen, „cuisine à la bouche", möglich. Fantastisch ist auch die Weinkarte mit über 180 Positionen, aus der Erich Huber, als Kenner und guter Zuhörer, stets die richtigen Tropfen vorschlägt.
Urlaub im „Petit Château" heißt: gut speisen und wohnen. In dem hübschen Gästehaus mit sechs liebevoll eingerichteten Zimmern, mit allem Komfort sowie Internet-Verbindung ausgestattet, kann man die Seele baumeln lassen. Und möchte man vielleicht noch einige Profitipps kennenlernen, ist der monatlich stattfindende Kochkurs mit Rita Huber ein unterhaltsames wie schmackhaftes Unterfangen.

Tatartörtchen vom Rinderfilet mit Kartoffelrösti und Wachtelspiegelei

Zutaten
Für den Tatar
400 g Rinderfilet
1 Schalotte
2 Cornichons
1 Zweig glatte Petersilie
4 Sardellenfilets
4 Kapernäpfel
30 g Dijon-Senf
Salz und Pfeffer

Für die Rösti
4 Kartoffeln (Nicola oder Charlotte), roh gerieben
1 Ei
30 g Lauch, in feine Streifen geschnitten
8 Wachteleier
Salz, Pfeffer, Muskat

Zubereitung
Die Zutaten für den Tatar sehr fein schneiden und gut vermischen. Die Tatarmasse in 16 Kugeln von ungefähr gleichem Durchmesser formen. Dann alle Rösti-Zutaten mischen, daraus 16 Rösti von etwa 5 Zentimeter Durchmesser formen, in Rapsöl backen.
Nach dem Backen pro Person 2 Törtchen aus je 1 Rösti mit 1 Kugel Tatarmasse schichten, leicht andrücken. 8 Wachteleier zu Spiegeleiern braten und auf die Törtchen setzen, mit einem frischen Salatblatt anrichten.

ISSIMO – ITALIENISCHE FEINKOST

Blaues Meer, Pinien, Olivenbäume und romantische Abende, Italien wie man es kennt und liebt. Die wundervollen Urlaubsstunden möchte man am liebsten zuhause wieder aufleben lassen. Gar nicht so schwer, vorausgesetzt man besucht das Feinkostgeschäft „Issimo". Denn hier gibt es all jene italienischen Spezialitäten, die den Gaumen erfreuen, vom Vino und Grappa bis zur Pasta, Pesto oder herrlichen Antipasti.

Die Brüder Francesco und Vincenzo Vitolo bieten seit 15 Jahren die besten Köstlichkeiten aus „Bella Italia" im typisch italienischen Flair des „Issimo". Ihr neues, großzügig gestaltetes Feinkostgeschäft, das 2006 mitten in Homburg eröffnete, umfasst auch eine Enoteca und eine Bistroecke. Das Motto „Gusto e Qualita – Geschmack und Qualität" ist leicht erkennbar.

In der Frischetheke warten Büffelmozzarella und verschiedene Schinken wie St. Daniele, Culatello, Parma Riserva, Norcia und Carpegna auf Gourmets. Würzige Salamisorten, aromatische Mortadella und ein breites Käsesortiment aus verschiedenen Regionen Italiens liefern die perfekten Zutaten für einen gut gedeckten Tisch. Pasta und Gnocchi, fast wie von La Mamma frisch zubereitet, und Sugos oder Pestos, so fein abgeschmeckt, dass auch Hobbyköche damit glänzen können, erfreuen. Zusätzlich erhält man bei „Issimo" italienische Feinkostbuffets, Geschenkkörbe und Gutscheine.

Die Auswahl kalt gepresster Olivenöle (DOP) und hochwertiger Balsamicos, wie Riserva di Modena, verrät, dass die Brüder genau wissen, wie man Speisen zubereitet. Ihre vorhe-

Issimo – Italienische Feinkost

Uhlandstraße 7
66424 Homburg

Telefon 0 68 41 / 1 22 22
Telefax 0 68 41 / 1 22 23

HOMBURG

rige gastronomische Tätigkeit erleichtert ihnen die Auswahl. Und so mancher Stammkunde holt sich bei dem freundlichen Team gern Tipps für die Zubereitung spezieller Gerichte.

Verblüffend groß ist auch das „flüssige" Sortiment. Die Weinkenner Francesco und Vincenzo Vitolo bieten Wein aus den besten Anbaugebieten Italiens an, vorwiegend von kleinen bis mittelgroßen Weingütern. Nur qualitativ hochwertige Tropfen bekommen bei „Issimo" eine Chance. Die verschiedensten italienischen Weine aus autochthonen Trauben sind in den übersichtlichen Regalen zu entdecken. Aufgrund der kompetenten Beratung lässt sich in dem reichhaltigen Sortiment gut die richtige Sorte finden.

In der Enoteca ist nach Voranmeldung eine Weinprobe mit mehreren Personen möglich. Von der Bodenbeschaffenheit über den Ausbau im Keller bis zur Abfüllung erfahren die Gäste viele Details. Selbst Kenner können hier noch etwas lernen. Die Weinprobe kann mit kulinarischen Leckerbissen kombiniert werden.

Essen und Trinken genießen ist auch im Bistrobereich oder in der Enoteca möglich. Ein Gläschen Prosecco, ein vorzüglicher Grappa oder ein aufmunternder Espresso für die kurze Erholung sind hier immer willkommen. Und wer eine Kleinigkeit essen möchte, kann den fein abgestimmten Feinkostteller bestellen. So erlebt man mitten in Homburg Italien pur.

Risotto al Balsamico di Modena Riserva
(Für 6 Personen)

Zutaten
1–1,5 l heiße Hühnerbrühe
2 EL Olivenöl Extra Vergine
2 mittelgroße Zwiebeln, fein gehackt
1/2 Staude Sellerie, fein gehackt
400 g Risotto-Reis
200 ml trockener Weißwein
feines Meersalz
frisch gemahlener schwarzer Pfeffer
ca. 100 g Butter
ca. 200 g Parmesankäse (Parmigiano Reggiano), gerieben
Aceto Balsamico di Modena nach Belieben

Zubereitung
Zwiebeln und Sellerie etwa vier Minuten in einem Topf anschwitzen. Den Reis zugeben und die Temperatur erhöhen. Ständig rühren, damit der Reis nicht anbrät. Sobald er leicht glasiert aussieht, den Wein dazugießen und weiterrühren.

Wenn der Wein eingekocht ist, etwas Hühnerbrühe und eine kräftige Prise Salz unterrühren, langsam weiterkochen. Nach und nach weitere Brühe auffüllen. Nach etwa 15 Minuten ist der Reis gar, jetzt würzen.

Den Topf vom Herd nehmen, Butter und Parmesan einrühren, den Deckel auflegen. Zwei Minuten ruhen lassen, damit die cremig-feuchte Konsistenz entsteht, gleich servieren.
Den Tellerrand mit Aceto Balsamico verzieren.

HP'S RESTAURANT „DIE LINDE"

An der leuchtend blauen Fassade ist „HP's Restaurant ‚Die Linde'" weithin erkennbar. Sie ist gleichzeitig ein Symbol für die Experimentierfreude des Inhabers und Kochs Hartmut Pfeiffer. Die Mischung aus Bistro, Restaurant und Gartenterrasse spricht Freunde der gehobenen Küche ebenso an wie junge und ältere Besucher, die das fantasievolle Ambiente und kleine Leckereien genießen. Die Gastgeberrolle hat in Pfeiffers Familie eine lange Tradition. Bereits seine Uroma betrieb eine Dorfgaststätte und seine Eltern übernahmen 1985 „Die Linde". Der mächtige Baum musste zwar dem Straßenbau weichen, aber sein Name blieb auch nach dem Wechsel zum gehobenen Restaurant bestehen. Das minimalistisch gestaltete Bistro in Rot-Grau-Tönen und das schlicht-elegante Restaurant mit roten Lederstühlen und wechselnden Künstlermotiven vermitteln Harmonie und Gemütlichkeit.

Im ehemaligen Homburger City Parkhotel wurde Hartmut Pfeiffer ausgebildet, war später in der Spitzengastronomie tätig, in den Kempinski-Hotels Frankfurt und Hamburg sowie zwei Jahre in Amerika. Von dem bunten Erfahrungsschatz und der unermüdlichen Kreativität profitieren die Gäste des „HP's Restaurant Die Linde".

Regionale und französische sowie mediterrane Ideen greift er gern auf, verfeinert diese mit eigenen Geistesblitzen. Die leichte moderne Machart zeichnet seine Speisen aus, welche ausnahmslos frisch zubereitet werden. In der Bistrokarte dominieren Salate und Verführungen wie Spaghetti mit Garnelen oder Froschschenkel provençale.

Ein beschrifteter Spiegel verrät die Restaurantspezialitäten. Je nach Saison und Chef-Entschluss erscheinen darauf gefüllte Rinderfilettasche, Gänsestopfleber, gebeizter Lachs mit Kartoffelpuffern oder ausgefallene

---

HP's Restaurant „Die Linde"

Einöder Straße 60
66424 Homburg-Schwarzenbach

Telefon 0 68 41 / 26 94
Telefax 0 68 41 / 26 94

www.hps-dielinde.de

HOMBURG-SCHWARZENBACH

Gemüsekreationen. Mit französischen, saarländischen, Pfälzer- oder Naheweinen munden diese Delikatessen hervorragend und ein frisch gezapftes Bier, auf der Terrasse getrunken, ist ebenfalls nicht zu verachten. Das tägliche 3-Gang-Menü und ein Stammessen sind bei Radlern und Geschäftsleuten gleichermaßen beliebt.

Das Genusserlebnis wird durch einen guten Service vervollständigt, den Waltraud Keil souverän übernimmt. Ist es nicht allzu hektisch, kommt Hartmut Pfeiffer gern persönlich zu den Gästen und kocht „Wunschspeisen". Kundennähe ist dem Team spürbar wichtig.

So wie bildende Künstler gern ihre Werke im HP's präsentieren, sind auch Musiker gern gesehene Live-Akteure. Ob Jazzbrunch, spanischer Abend oder Lichternacht, die tolle Stimmung ist bekannt und wer an diesen Veranstaltungen gern teilnimmt, sollte früh genug einen Platz reservieren. Dies empfiehlt sich auch an Wochenenden, denn die 40 Innen- und 35 Außenplätze sind stets schnell vergeben.

Beim Besuch lohnt sich außer dem wunderbaren Essen auch ein Ausflug zu den römischen Ausgrabungen und Schlossberghöhlen, die nur ein bis zwei Kilometer entfernt sind.

Gefüllte Rinderfilettasche mit Teignocken

Zutaten
Für die Rinderfilettasche
4 abgehangene Rinderfilets à 160 g
1 gehackte Schalotte
1 TL Butter
2 EL frisch geriebener Meerrettich
1 El Senf
20 g fein gehackte Kräuter
(Petersilie, Schnittlauch, Kerbel)
2 Eigelb
frisch gemahlener Pfeffer, Salz
1 EL Butterschmalz

Für die Teignocken
300 g Kartoffeln
8 EL Vollmilch
50 g Butter
Muskat, Salz
frisch gemahlener Pfeffer
100 g Mehl
2 Eier
3 Eigelb
etwas Butter zum Braten

Zubereitung
Gekochte Kartoffeln pellen, auf einem Backblech im vorgeheizten Ofen bei 150 °C ausdämpfen lassen.
Milch, Butter und Gewürze im Topf aufkochen. Das Mehl zugeben und rühren, bis sich der Kloß vom Topf löst. In eine Schüssel geben, nach und nach die Eier und das Eigelb unterrühren. Die fein gestampften Kartoffeln unterheben. Mit einem Esslöffel Nocken abstechen, in kochendem Salzwasser etwa 6 Minuten garen. Herausnehmen und in heißer Butter goldbraun anbraten, warm stellen.
Die Schalotte glasig dünsten, abkühlen lassen. Meerrettich, Senf, Kräuter und Eigelb mischen, die Schalotte unterheben. Die Masse dünn auf die gewürzten Filets geben, zur Hälfte umklappen. Nun in heißem Butterschmalz beidseitig braten.

SENGSCHEIDER HOF

Hotel Restaurant Sengscheider Hof

Zum Ensheimer Gelösch 30
66386 St. Ingbert-Sengscheid

Telefon 0 68 94 / 98 20
Telefax 0 68 94 / 98 22 00

www.sengscheiderhof.de

Wie eine Lichtung inmitten des dichten Waldes liegt das Hotel Restaurant „Sengscheider Hof". Es fügt sich wunderbar in die Natur ein, bietet jeglichen Komfort sowie angenehme Ruhe und ist dennoch zentral gelegen. Ein idealer Platz für Urlauber und Geschäftsreisende, die zudem gern schlemmen. Axel Toussaint führt das Traditionshaus, welches seit 1919 in Familienbesitz ist, in der vierten Generation und längst ist aus dem einstigen Ausflugslokal ein Ort für Genießer geworden. In dem geschmackvollen, leicht eleganten Ambiente fühlt man sich gleich wohl und genießt die familiäre Atmosphäre.

Die Kochkunst erlernte er in der Traube Tonbach, Baiersbronn, verfeinerte sie auf Sylt und übernahm schließlich den elterlichen Betrieb. Seine Kochkunst wurde schon mehrfach von renommierten Restaurantkritikern, wie dem Gault Millau, honoriert. Das Angebot ist sehr breit gefächert, von gutbürgerlichen bis zu gehobenen Speisen. Ein zünftiges Steak oder deftigen Wurstsalat bereitet Axel Toussaint ebenso ideenreich zu wie eine

HOMBURG-SCHWARZENBACH

Gemüsekreationen. Mit französischen, saarländischen, Pfälzer- oder Naheweinen munden diese Delikatessen hervorragend und ein frisch gezapftes Bier, auf der Terrasse getrunken, ist ebenfalls nicht zu verachten. Das tägliche 3-Gang-Menü und ein Stammessen sind bei Radlern und Geschäftsleuten gleichermaßen beliebt.

Das Genusserlebnis wird durch einen guten Service vervollständigt, den Waltraud Keil souverän übernimmt. Ist es nicht allzu hektisch, kommt Hartmut Pfeiffer gern persönlich zu den Gästen und kocht „Wunschspeisen". Kundennähe ist dem Team spürbar wichtig.

So wie bildende Künstler gern ihre Werke im HP's präsentieren, sind auch Musiker gern gesehene Live-Akteure. Ob Jazzbrunch, spanischer Abend oder Lichternacht, die tolle Stimmung ist bekannt und wer an diesen Veranstaltungen gern teilnimmt, sollte früh genug einen Platz reservieren. Dies empfiehlt sich auch an Wochenenden, denn die 40 Innen- und 35 Außenplätze sind stets schnell vergeben.

Beim Besuch lohnt sich außer dem wunderbaren Essen auch ein Ausflug zu den römischen Ausgrabungen und Schlossberghöhlen, die nur ein bis zwei Kilometer entfernt sind.

Gefüllte Rinderfilettasche mit Teignocken

Zutaten

Für die Rinderfilettasche
4 abgehangene Rinderfilets à 160 g
1 gehackte Schalotte
1 TL Butter
2 EL frisch geriebener Meerrettich
1 El Senf
20 g fein gehackte Kräuter
(Petersilie, Schnittlauch, Kerbel)
2 Eigelb
frisch gemahlener Pfeffer, Salz
1 EL Butterschmalz

Für die Teignocken
300 g Kartoffeln
8 EL Vollmilch
50 g Butter
Muskat, Salz
frisch gemahlener Pfeffer
100 g Mehl
2 Eier
3 Eigelb
etwas Butter zum Braten

Zubereitung

Gekochte Kartoffeln pellen, auf einem Backblech im vorgeheizten Ofen bei 150 °C ausdämpfen lassen.

Milch, Butter und Gewürze im Topf aufkochen. Das Mehl zugeben und rühren, bis sich der Kloß vom Topf löst. In eine Schüssel geben, nach und nach die Eier und das Eigelb unterrühren. Die fein gestampften Kartoffeln unterheben. Mit einem Esslöffel Nocken abstechen, in kochendem Salzwasser etwa 6 Minuten garen. Herausnehmen und in heißer Butter goldbraun anbraten, warm stellen.

Die Schalotte glasig dünsten, abkühlen lassen. Meerrettich, Senf, Kräuter und Eigelb mischen, die Schalotte unterheben. Die Masse dünn auf die gewürzten Filets geben, zur Hälfte umklappen. Nun in heißem Butterschmalz beidseitig braten.

HOTEL ZUR POST & WEINRESTAURANT POSTILLION

In der einstigen „Königlich-bayerischen Postexpedition" von 1842, mitten in der historischen Blieskasteler Altstadt, haben die Stempel und Siegel ausgedient, dafür wird die Geselligkeit gepflegt. Das komfortable „Hotel zur Post" und das „Weinrestaurant Postillion" erinnern an die reiche Geschichte dieses Hauses, das bereits um 1770 erbaut wurde. In dem herrlichen Fachwerkhaus mit seinem gemütlichen Ambiente fühlen sich Urlauber ebenso wohl wie geschäftliche Besucher, die hier mit einem ausgezeichneten Service verwöhnt werden.

Im Stadtkern zählte dieses Gebäude einst zu den Raritäten, denn Anfang des 17. Jahrhunderts lag es an der einzigen Kreuzung im Ort. Seinen Charme hat es behalten und ist seit der umfassenden Renovierung noch attraktiver geworden. Mit der Geschäftsführung durch Wolfgang Hauck (2007) wurde nicht nur die Optik, sondern auch der Stil des Hauses verfeinert. Die sieben ruhigen Doppelzimmer und vier Einzelzimmer sind jetzt freundlich, hell und bestens ausgestattet, vergleichbar einem 3-Sterne-Hotel. Im Restaurant beginnt der Tag mit einem reichhaltigen Frühstücksbüfett, teilweise nach individuellen Wünschen der Gäste zubereitet.

Im angenehmen Ambiente des „Restaurants Postillion" oder auf der netten Terrasse vor dem Haus gibt es Speisen für jeden Geschmack. Die lockere Atmosphäre gefällt auch Familien, die gern in Blieskastel einen Kurzurlaub verbringen. Regionale Spezialitäten ebenso wie internationale Speisen werden der Saison entsprechend angeboten. Gute Auswahl gibt es von der Bistroküche mit leckeren Salaten und Flammkuchen bis zu

Hotel zur Post &
Weinrestaurant Postillion
HGS Hotel- & Gaststättenbetriebsges. mbH

Kardinal-Wendel-Straße 19a
66440 Blieskastel

Telefon 0 68 42 / 9 21 60
Telefax 0 68 42 / 9 21 62 16

www.hotel-blieskastel.de

BLIESKASTEL

gehobenen Menüs. Interessant sind auch die vegetarischen Leckereien oder süßen Überraschungen. Eine besondere Freude, nicht nur für Kinder, ist der Schokoladenbrunnen mit frischem Obst, der garantiert nach mehr schmeckt. Über 20 offene Weine aus dem Saarland, der Pfalz, aus Rheinhessen und auch südliche Tropfen munden hier bestens und lassen die Stunden schnell vergehen. Zum Ausspannen, aber auch für Familienfeiern sind das „Hotel zur Post" und das „Restaurant Postillion" bestens geeignet. Der freundliche Umgang mit Stammgästen wie auch den anderen Besuchern überzeugt. Die Philosophie des Hauses, „wir sind nicht nur Hoteliers, sondern Gastgeber", wird konsequent gelebt und deshalb kommt man stets gern wieder.

Langeweile gibt es in der „Post" nicht, denn Familie Hauck gibt gern Tipps für Ausflüge und organisiert auf Wunsch Stadtführungen oder andere Höhepunkte für Gruppen. Viele Barockbauten im Zentrum sind sehenswert, und der sieben Meter hohe Gollenstein hoch über der Stadt ist immer einen Aufstieg wert. Radler und Wanderer finden viele Möglichkeiten, wie den 16 km langen Bliestal-Freizeitweg oder den 34 km langen Saargemünd Radweg, der entlang der ehemaligen Bahntrasse führt. Am besten, Sie überzeugen sich selbst ...

Gefülltes Schweinefilet mit Champignons in Sahne

Zutaten
800 g Schweinefilet
1 Karotte
1/4 Stange Lauch
1/4 Stück Sellerie
200 g frische Champignons
400 ml Sahne
1 TL Speisestärke
Salz, Pfeffer, Muskat

Zubereitung
Karotten, Lauch und Sellerie in kleine Würfel schneiden, mit der Fleischfarce vermengen, etwas Salz und Pfeffer hinzufügen. Das Schweinefilet portionieren (circa 200 g pro Person), in der Mitte ein Loch schneiden und die Fleischfarce mithilfe eines Spritzbeutels in das Filet füllen. Nun salzen, pfeffern und kurz anbraten. Bei circa 200 °C im vorgeheizten Backofen 15 Minuten garen.
Für die Soße die Champignons putzen, schneiden und kurz anbraten. Die Sahne hinzufügen, Speisestärke mit etwas Wasser verrühren und in die kochende Soße gießen. Mit Salz, Pfeffer und Muskat abschmecken.
Dazu passen Herzoginkartoffeln und buntes Marktgemüse.

SENGSCHEIDER HOF

Hotel Restaurant Sengscheider Hof

Zum Ensheimer Gelösch 30
66386 St. Ingbert-Sengscheid

Telefon 0 68 94 / 98 20
Telefax 0 68 94 / 98 22 00

www.sengscheiderhof.de

Wie eine Lichtung inmitten des dichten Waldes liegt das Hotel Restaurant „Sengscheider Hof". Es fügt sich wunderbar in die Natur ein, bietet jeglichen Komfort sowie angenehme Ruhe und ist dennoch zentral gelegen. Ein idealer Platz für Urlauber und Geschäftsreisende, die zudem gern schlemmen. Axel Toussaint führt das Traditionshaus, welches seit 1919 in Familienbesitz ist, in der vierten Generation und längst ist aus dem einstigen Ausflugslokal ein Ort für Genießer geworden. In dem geschmackvollen, leicht eleganten Ambiente fühlt man sich gleich wohl und genießt die familiäre Atmosphäre.

Die Kochkunst erlernte er in der Traube Tonbach, Baiersbronn, verfeinerte sie auf Sylt und übernahm schließlich den elterlichen Betrieb. Seine Kochkunst wurde schon mehrfach von renommierten Restaurantkritikern, wie dem Gault Millau, honoriert. Das Angebot ist sehr breit gefächert, von gutbürgerlichen bis zu gehobenen Speisen. Ein zünftiges Steak oder deftigen Wurstsalat bereitet Axel Toussaint ebenso ideenreich zu wie eine

St. Ingbert-Sengscheid

delikate Fischsuppe, ein zartes Lammkarree oder leckeres Rosenparfait. Seine Fischkompositionen und Wild sind besonders beliebt. Sein Erfolgsrezept besteht aus der Mischung französischer, italienischer und regionaler Küche, die er raffiniert kombiniert.

Die gut sortierte Weinkarte spricht für sich und die gelegentlichen Weindegustationen inklusive Menü sind stets schnell ausgebucht. In der warmen Jahreszeit sitzt man sehr schön im Garten und kann zuschauen, wie die Grillspezialitäten im Freien gebrutzelt werden.

Reizvoll sind auch die hochwertig ausgestatteten Hotelzimmer im Stammhaus und im neu erbauten Abschnitt (insgesamt 46), der über einen kurzen Parkweg erreichbar ist. Jedes Zimmer, vom Louis-XIV.-Stil, mediterranem Flair bis zum Landhausstil, hat seinen eigenen Charme. Einige Bäder sind in Marmor gehalten und in den Suiten kann man sich im eigenen Whirlpool vergnügen. Die großzügige Wellness-Landschaft „Oase" bietet von der Biosauna über Dampfbad und Tauchbecken bis zu Ayurveda-Massagen Entspannung pur. Und an schönen Tagen wird auch der Pool im Garten immer gern besucht.

Stellt sich dann irgendwann der Appetit ein, gibt es außer im Restaurant auch kleine Gerichte im Bistro „Franziska Stube" (im Neubau) und auf der Gartenterrasse. Eine aromatische Suppe, ein bunter Salatteller oder Quiche Lorraine sind sicher nicht verkehrt und an der Hotelbar lässt sich der Tag mit einem guten Drink abrunden.

Für weitere Aktivitäten stehen Räder bereit und der nahe Mountainbikeweg sowie die Wanderrouten sind eine schöne Abwechslung, ebenso wie ein Stadtbummel in St. Ingbert oder Saarbrücken.

Rosenparfait

Zutaten

6 Eigelb
200 g Zucker
3 EL Rosenöl, aus der Apotheke
1/2 l Sahne
4 EL Rosenlikör
Blütenblätter von 2 Rosen

Zubereitung

Das Eigelb mit dem Zucker und dem Rosenöl im Wasserbad schaumig schlagen.

Mit der Sahne, dem Likör und den Blütenblättern vermischen. Das Ganze in eine beliebige Form füllen und gefrieren.

Das gefrorene Parfait in heißes Wasser tauchen und auf einen großen Teller stürzen. Anschließend mit den Rosenblättern dekorieren.

ANNAHOF

BLIESKASTEL-NIEDERWÜRZBACH

Die einstige Sommerresidenz von Gräfin Marianne von der Leyen (Blieskasteler Regentin), direkt am größten natürlichen Weiher des Saarlands, dem idyllischen Niederwürzbacher Weiher, gelegen, ist faszinierend schön. In dem 230 Jahre alten barocken Anwesen genießen heute Ruhe suchende Urlauber, Tagungsgäste und Geschäftsreisende die Annehmlichkeiten des 3-Sterne-Superior-Hauses „Hotel Restaurant Annahof", das Jürgen und Doris Kaffke seit über 20 Jahren führen. Die reizvolle Umgebung ist ideal für Wanderer und Naturliebhaber, zugleich gut geeignet für Ausflüge in die Pfalz, nach Frankreich und Luxemburg.

Der Charme des historischen Gebäudes spiegelt sich im Ambiente der elf komfortablen Nichtraucher-Hotelzimmer wider. Zwei der luxuriösen Räume verfügen über eine eigene Sauna, eines über einen Whirlpool. So unterschiedlich wie die Zimmer ist auch der Restaurantbereich gestaltet, in dem man fürstlich speisen kann. Im neuen, großzügigen Bistro trifft man sich gern zu einem kurzen Imbiss, im barock gestalteten „Mariannensaal" oder im gediegenen „Heuboden" lässt man sich auch gern mit mehrgängigen Menüs verwöhnen. Für Festlichkeiten oder Tagungen bietet der „Spiegelsaal" mit seiner Terrasse am See einen angenehmen Rahmen.

Die gehobene, mediterran orientierte Küche wird durch regionale Spezialitäten, auf moderne und leichte Art zubereitet, ergänzt. Sie orientiert sich stark an der Saison, verzichtet bewusst auf Convenience-Produkte. Köstlich sind die Fischgerichte vom Zander über Salm bis zur Rotbarbe und die vor allem im Herbst umfangreichen Wildspezialitäten sowie interessante vegetarische Teller. Wunschessen werden, sofern es die Zeit zulässt, gern zubereitet und Kinder haben stets die freie Wahl. Neben aufwendigen Spezialitäten werden auch persönliche Vorlieben, wie Bratkartoffeln mit Spiegelei, berücksichtigt. Gastfreundschaft wird in diesem Haus gelebt und macht jeden Aufenthalt zu einem besonderen.

Hotel Restaurant Annahof

Am See
66440 Blieskastel-Niederwürzbach

Telefon 0 68 42 / 9 60 20
Telefax 0 68 42 / 96 02 50

www.annahof.de

Annahof

DER BLIESGAU – BIOSPHÄRENREGION, KLOSTERMAUERN UND ORCHIDEENPRACHT

Im Bliesgau ist die Natur in vielfacher Hinsicht intakt, denn seit vielen Jahren arbeiten Naturschützer, Landwirte, Schäfer und Gastronomen zusammen. Der Landschaftserhalt durch ökologisch und ökonomisch sinnvolle Gestaltung liegt ihnen am Herzen. Mittlerweile ist der Bliesgau zur Biosphärenregion geworden. Unter anderem gehören die Gemeinden Gersheim und Mandelbachtal dazu. Doch auch an Sehenswürdigkeiten ist dieses Gebiet reich, unter anderem empfiehlt sich das Kloster Gräfinthal im Mandelbachtal.

Die Nähe zu Frankreich ist allgegenwärtig und so gibt es diverse grenzüberschreitende Projekte. Genussreich im wahrsten Sinne des Wortes ist die jährliche Bliestal-Lammwoche, die 2003 eingeführt wurde, an der sich stets mehrere saarländische und französische Köche beteiligen. Sie bieten dann vorwiegend Lamm in allen Variationen an, das ausschließlich von Tieren aus der Region stammt. Auch mehrere andere sehr gute Küchenmeister konzentrieren sich inzwischen auf die regionalen Lämmer, Ziegen und Feldfrüchte. Der Einfallsreichtum bei der Zubereitung ist dabei immer wieder imponierend. Die artgerechte Haltung von Ziegen und Lämmern hat sich im Bliesgau inzwischen sehr verbreitet und diese Umstellung macht sich beim Fleisch bemerkbar. Es schmeckt intensiver und ist gesünder, wie Fachleute versichern. Delikat sind die Molkereiprodukte von regionalen Ziegen, die regelmäßig Weidegang haben.

In der Nähe von Blieskastel steht der mit fast sieben Meter Höhe größte Menhir Mitteleuropas, der Gollenstein. Der etwa 4000 Jahre alte Stein wird der späten Kupferzeit zugerechnet. Fährt man ins Mandelbachtal, ist die Natur nah und idyllische Winkel können entdeckt werden. Dabei ist ein Besuch des Klosters Gräfinthal auf jeden Fall interessant. Das ehemalige Wilhelmitenkloster wurde 1243 von Gräfin Elisabeth von Blieskastel gestiftet, als Dank für ihre wundersame Augenheilung. Im Laufe der Jahrhunderte wurde es oftmals geplündert und stand durch die Nähe zur lothringischen Grenze oft zwischen den Landesherren. Ende des 17. Jahrhunderts wurde das Kloster in ein weltliches Stift verwandelt, kehrte jedoch 1948 wieder in den Schoß der Kirche zurück. Die Kapelle musste neu aufgebaut werden. Die alten Wohnhäuser und Scheunen, die aufwendig restauriert wurden, sowie die dicken Klostermauern erzählen von den wechselnden Besitzern.

Der Europäische Kulturpark Bliesbruck in der Gemeinde Gersheim ist ein gutes Beispiel für grenzübergreifende Projekte. Hier werden Ausgrabungen und Rekonstruktionen keltischer und römischer Funde koordiniert und gemeinsam ausgestellt. 1989 gegründet, kann der Kulturpark inzwischen Funde aus 10 000 Jahren vorweisen. Im Frühjahr offenbart sich den Gästen rund um Gersheim eine herrliche Blütenpracht. Meist ab Mitte April bis in den Juli ziehen rund 30 mitteleuropäische Orchideenarten die Betrachter in ihren Bann. Das 32 Hektar große Gebiet steht unter Naturschutz, darf aber im Rahmen einer Führung, die das Kulturamt Gersheim organisiert, besucht werden. Eine Augenweide, die man sich nicht entgehen lassen sollte.

Bliesgau

Bliesgau

Landschaft im Bliesgau

GRÄFINTHALER HOF

Die besondere Lage nahe Saarbrücken und Homburg sowie Frankreich, dennoch in der Natur, muss wohl schon bei der Gründung um 1890 eine Rolle gespielt haben und ist auch heute noch reizvoll. Der Eurotoques-Chefkoch Jörg Künzer und seine Frau Miriam führen seit 1994 in der vierten Generation das Haus, gemeinsam mit seinen Eltern. Es ist weithin als Ausflugsstätte bekannt, die durch die Kochkunst und den besonderen Stil auffällt.

Die gemütliche Heimatstube, das klassisch elegante Restaurant und der lichtdurchflutete Wintergarten sind vielseitig nutzbar, hier sind Essen zu zweit genauso angenehm wie Familien- oder Betriebsfeiern, die stets von einem dezenten, aber aufmerksamen Service begleitet werden. Rund 90 Personen im Haus und 60 auf der angrenzenden geräumigen Terrasse finden Platz. Während man die Ruhe unter schattigen Kastanienbäumen genießt, können sich die Kleinen auf dem nahen Spielplatz vergnügen.

Die Speisekarte ist ausgesprochen vielfältig und unter anderem für die Fischspezialitäten weithin bekannt. Von Mai bis Oktober / November gehört der Bachsaibling zu den Favoriten. Das Bliesgau-Lamm wird hier zu einer Delikatesse, ebenso wie die geschmorten Rinderbäckchen oder das fruchtige Quittensüppchen mit Holunderbeersorbet. Regionale und saisonale Gerichte mit französischem Einfluss geben den Ton an. Jörg Künzer und sein Team kreieren hochwertige und ausgefallene Speisen, ihr Repertoire umfasst aber auch einfachere Gerichte und ein werktägli-

Restaurant Gräfinthaler Hof

Gräfinthal 6
66399 Mandelbachtal

Telefon 0 68 04 / 9 11 00
Telefax 0 68 04 / 9 11 01

www.graefinthaler-hof.de

Als Wallfahrtsort und Wanderoase ist Gräfinthal mit seinem einst prachtvollen Wilhelmitenkloster ein sehr beliebter Ausflugsort. An diesem idyllischen Plätzchen mitten im wunderschönen Mandelbachtal lädt auch das traditionsreiche Restaurant „Gräfinthaler Hof" zum Verweilen ein. Hinter der schmucken Fassade werden die Besucher in eleganten Räumlichkeiten mit einer regional geprägten, gehobenen Küche vom Menü bis zur kleinen Leckerei verwöhnt.

MANDELBACHTAL

ches Stammessen. Für jeden Geschmack ist etwas zu finden.
Der reichhaltige Erfahrungsschatz, den Jörg Künzer als Koch im Schloss Halberg, im La Fayence oder Parkhotel Völklingen sowie im eigenen Haus sammelte, und seine neuen Ideen machen das Speisen immer wieder zu einem spannenden Genusserlebnis. Als Mitglied des Verbands der Köche ist er stets mit Kollegen in Kontakt und natürlich auch bei der Bliesgau-Lammwoche mit im Boot.

So ganz nebenbei kann der Gräfinthal-Besucher die klösterliche Umgebung genießen. Die Kulisse aus wuchtigen, umrankten Klostermauern wird künftig noch anziehender, denn das Benedektinerkloster wird wieder aufgebaut. Ein Grund mehr, um öfter mal ins Restaurant zu kommen und vielleicht auch einen Abstecher zur Naturbühne Gräfinthal zu machen. Das Freilichttheater ist, wie der „Gräfinthaler Hof", eine Freude für die ganze Familie.

Geschmorte Rinderbäckchen mit Dornfeldersauce

Zutaten
8 Rinderbäckchen
2 EL Butterschmalz
500 g Röstgemüse aus Zwiebeln, Sellerie, Lauch, Karotten
1 EL Tomatenmark
400 ml Rotwein, möglichst Dornfelder
1 l dunkler Kalbsfond
1 Knoblauchzehe
1 Thymianzweig
1 Rosmarinzweig
je 10 Pfeffer- und Korianderkörner
1 Sternanis
2 Pimentkörner
2 Lorbeerblätter
alter Balsamico

Zubereitung
Die Rinderbäckchen parieren und von Fett und Sehnen befreien. Die Bäckchen in Butterschmalz anbraten und das Röstgemüse zugeben. Das Gemüse anrösten und Tomatenmark zufügen, danach mit Rotwein ablöschen.
Später den Kalbsfond und die Gewürze zufügen und im Backofen bei circa 200 °C zugedeckt etwa 1,5 Stunden schmoren lassen, bis das Fleisch saftig und weich ist.
Den Dornfelder in einem Topf auf ein Drittel einkochen, dann den Schmorfond durch ein feines Sieb passieren und dazugeben, bei Bedarf noch etwas reduzieren lassen.
Mit altem Balsamico verfeinern.

Grenzsteine an der dt.-frz. Grenze

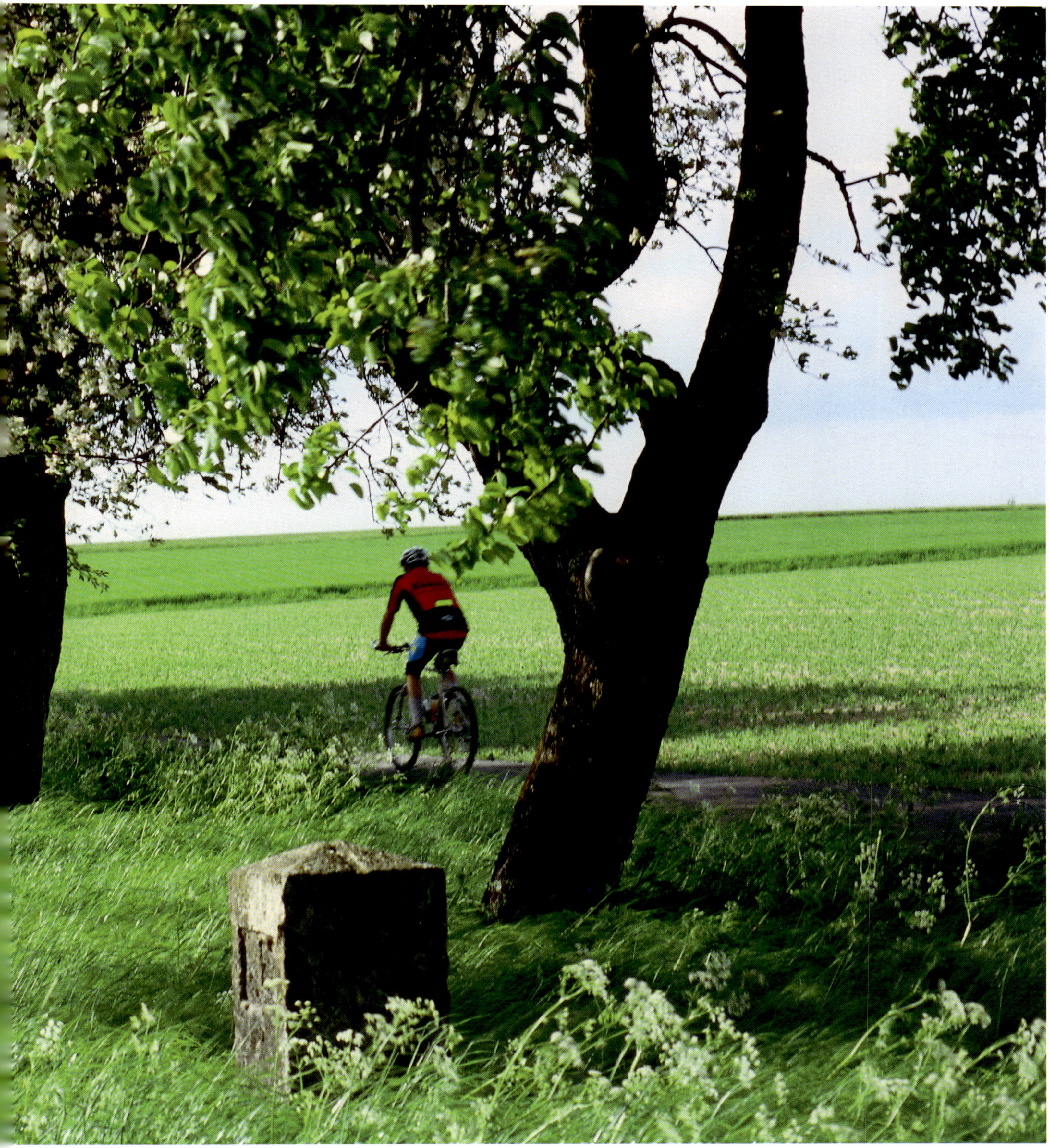

KOCHKULTOUR KAI MEHLER

Kochkultour Kai Mehler
Die Koch- und Patisserieschule

Im Rappenfeld 14
66453 Gersheim

Telefon 0 68 43 / 58 99 41
Telefax 0 68 43 / 58 99 41

www.kochkultour.de

Man nehme sich ein paar Stunden Zeit, eine Prise Abenteuerlust und ein gemeinsames Ziel: Kochen mit Freude. Ein Erlebnis, das allein – Gleichgesinnte lernt man dabei gut kennen – oder mit Freunden und Kollegen seines Gleichen sucht. Fehlt nur noch ein geduldiger Lehrmeister, der einer bunt gewürfelten Genießergruppe hilft, die Kochkult(o)ur näher kennenzulernen. Kai Mehler, Meisterkoch und Europameister der Patissiers, übernimmt diese Aufgabe mit Charme und Esprit. Mit seiner ersten saarländischen Koch- und Patisserieschule „Kochkultour", an festen und variablen Orten, verwirklicht er gemeinsam mit Interessierten neue Rezepte und Ideen. Das Genusserlebnis gibt es zur Krönung!

Die Begabung zum Kochen ist nicht jedem in die Wiege gelegt, aber gesund und gut essen lässt sich lernen. Profikoch Kai Mehler hat durch seine über 20-jährige Erfahrung in verschiedensten Küchen und Ländern einen Riesenvorteil – er weiß, wie man rationell arbeitet. So manche verblüffend einfachen Tipps oder Tricks aus seinen Kursen helfen die Vorbereitungszeit zu verkürzen. Gleichzeitig fördern frische Impulse die Lust am Experimentieren.

Das gemeinsame Kochen oder der Umgang mit der feinen Patisserie ist zudem eine wertvolle Erfahrung. Egal, ob man mit Freunden zu seinen Kursen geht oder dort Gleichgesinnte antrifft, die Veranstaltung ist stets ein persönlicher Gewinn. Unwillkürlich kommt man ins Gespräch und tauscht vielleicht Geschichten über Erfolge oder auch Reinfälle aus. Die eine oder andere Anekdote bringt auch Kai Mehler gern an.

Es wird geschnippelt und gehackt, gezupft und geknetet und jeder arbeitet am Gemeinschaftswerk. Eine wunderbare Erfahrung für Singles ebenso wie Kollegen, die im Alltag gut miteinander kommunizieren oder auch von Teamarbeit nicht überzeugt sind. In der Küche geht es nicht ohne Abstimmung, jeder noch so kleine Handgriff trägt zum Ergebnis bei. Die soziale Komponente beim Kochen ist ein guter Nebeneffekt und das handwerkliche Tun, unter der kompetenten und lockeren Leitung des Spitzenkochs, auf jeden Fall von Erfolg gekrönt.

Gersheim

Bei „Kochkultour" gibt es Koch- und Patisseriekurse nach Maß. Regelmäßig werden themenbezogene Veranstaltungen im Plana-Küchenland Saarbrücken, Germersheim, Wiesbaden und Aschaffenburg angeboten. Diese Kurse dauern rund fünf Stunden und reichen von der Küchentechnik bis zum Zubereiten und Genießen eines 4-Gang-Menüs. Die maximal 12 Teilnehmer können die Rezepte anschließend mit nach Hause nehmen. Beliebt sind auch Exklusivkochkurse für Gruppen. Bis zu 40 Personen können sie in Saarbrücken durchgeführt werden. An anderen Veranstaltungsorten können auch mehr Teilnehmer dabei sein, entweder in vorhandenen Räumen oder „Kochkultour" kümmert sich um die jeweilige Örtlichkeit. Möchte man hingegen ein romantisches Dinner für zwei oder eine erlesene Runde mit Mehlers Gourmetkunst verwöhnen, geht „Kochkultour" on tour. Von der Planung bis zum Abwasch braucht sich der Gastgeber keinerlei Gedanken zu machen, nur noch genießen!

Schon die Kindheit verbrachte Kai Mehler im Saarland, wurde hier zum Koch ausgebildet, zum Küchenmeister und staatlich geprüften Gastronomen und ging dann auf seine kulinarische Weltreise. In der Schweiz, in Spanien, Bermuda und Berlin war er in renommierten Häusern tätig, um dann mit seiner Frau Ulrike im Saarland wieder sesshaft zu werden. Sein besonderes Faible für die Patisserie brachten ihm 2002 den Titel des Europameisters der Patisserie in San Remo und 2005 die Auszeichnung „Best Mousse au Chocolat" in Bermuda.

Seinen süßen Kreationen sieht man die Begeisterung für Desserts und Co. an. Die Kunstwerke sind fast zu schade zum Verspeisen. Mit der gleichen Leidenschaft bereitet er aber auch komplette Menüs zu, die seine Experimentierfreude und die moderne Gourmetküche widerspiegeln. Sein Credo „Mit Freude kochen – mit Freunden genießen" ist bei „Kochkultour" wunderbar spürbar.

SAARBRÜCKEN – BAROCKE GEBÄUDE UND INTERNATIONALER GOURMET-MARKT

Die malerische Altstadt mit urigen Kneipen und guten Restaurants, die einladenden Flaniermeilen und schönen Spazierwege entlang der Saar gehören zum besonderen Saarbrücker Flair. Historische Gebäude und junge, kreative Ideen sowie ein großes Kulturangebot ergeben einen reizvollen Kontrast.

Eine Besichtigungstour beginnt man vielleicht am Saarbrücker Schloss. Oberhalb der Stadt gelegen, hat man einen schönen Blick auf den Fluss und die Stadt. Die einstige Stauferburg wich einem Renaissanceschloss und wurde schließlich 1738 als Barockschloss neu errichtet. Die einstige Pracht kann man auch in den Räumlichkeiten und in der Gartenanlage finden. In das Schloss integriert ist inzwischen das historische Museum.

Gelüstet es die Besucher nach weiteren Sehenswürdigkeiten, ist die Ludwigskirche, am gleichnamigen Platz gelegen, sicher interessant. Sie zählt zu den bedeutendsten protestantischen Barockkirchen in Deutschland. Die Altstadt mit ihren restaurierten Häusern, den schmalen Gassen und herausgeputzten Plätzen mit interessanten Geschäften und gastronomischer Vielfalt ist absolut

Personenschiff auf der Saar

Neues Rathaus, Saarbrücken

St. Johanner Markt, Saarbrücken

Fußgängerzone

Saarbrücker Schloss

Saarbrücken – Barocke Gebäude und Internationaler Gourmet-Markt

Internationaler Gourmet-Markt

liebenswert. Kulturfreunde finden Veranstaltungen, vom Filmfestival, Jazztagen bis zu Straßentheatertagen und Kleinkunst.

St. Arnual entwickelt sich in den letzten Jahren zu einem Kultstadtteil. Das liegt mitunter sicher an so reizvollen Veranstaltungen wie dem Internationalen Gourmet-Markt, der 2006 erstmals angeboten wurde und zu einer festen Institution werden soll. Dies wird bestimmt gelingen, denn bisher brachte jedes Jahr eine Besuchersteigerung. An zwei Tagen im Mai lädt die „Aktionsgemeinschaft St. Arnual blüht auf" auf dem schönen Marktplatz zu Genussfreuden ein. Im alten Ortsteil neben der Stiftskirche, eingebettet zwischen Leinpfad, Tabaksweiher und Stiftswald, ist das Wohnen und Einkaufen sehr angenehm und so bietet sich die Veranstaltung hier von selbst an.

Im Schnitt 40 Aussteller und Anlieger bieten auf dem Internationalen Gourmet-Markt kulinarische Spezialitäten zum Einkaufen oder zum direkten Verzehr an. Die Auswahl wird sehr gründlich getroffen. Typische Spezialitäten aus dem Saarland und der Ferne sowie interessante, geschmacklich überzeugende Neuheiten werden vorgestellt. Das können feine Öle sein, hausgemachte Senfvariationen, erlesene Weine, handgeschöpfter Käse oder knusprige Landbrote. Die Qualität muss stimmen und die Herkunft muss nachvollziehbar sein. Die Kunden sollen überraschende Erfahrungen machen und ermuntert werden, den häuslichen Speisezettel zu bereichern.

Nur hochwertige Produkte kommen infrage und nicht alle Anbieter sind regelmäßig dabei. Die Veranstalter wollen bewusst ein großes Spektrum bieten, das teilweise wechselt, um den Reiz für die Hersteller und die Kunden zu erhalten. Neben dem „Gaumenprogramm" gibt es aber auch Führungen durch den charmanten Stadtteil St. Arnual und die Kirchen sowie musikalische Leckerbissen. Vorträge rund um das Thema Essen oder artverwandte Gebiete machen im doppelten Wortsinn Appetit.

APERO FEINKOST & BISTRO

apero Feinkost & Bistro
Mediterrane Genusskultur

Saargemünder Straße 63
66119 Saarbrücken-St. Arnual

Telefon 06 81 / 4 16 34 80
Telefax 06 81 / 4 16 34 87

www.apero-genusskultur.de

Silbrig glänzende Olivenbäume, knorrige Pinien, zufrieden grasende Schafe und Ziegen inmitten weiter, von der Sonne verwöhnter Landstriche. Dieses Szenario weckt unwillkürlich Urlaubsgelüste und regt gleichzeitig die Geschmacksnerven an. Ähnlich ist es beim Besuch von „apero". In diesem Feinkostgeschäft und Bistro ist das mediterrane Flair fast mit den Händen greifbar, denn das Ambiente und die vorwiegend südlichen Spezialitäten verheißen einen Genuss der besonderen Art.

Katja Sellnau, Diplom-Übersetzerin und Hoteleinkäuferin sowie ihr Mann Andreas Schmal, promovierter Naturwissenschaftler und Universitätsdozent, haben mit ihrem Geschäft die Eindrücke fremder Länder und deren kulinarische Besonderheiten eingefangen. Ihr Traum, gesunde, hochwertige Lebensmittel mit mediterranem Hintergrund nach Saarbrücken zu bringen, hat sich mit „apero" erfüllt. Der Name steht in der Schweiz für einen Aperitif, zu dem zum Beispiel Salami, Schinken, Käse und eingelegte Tomaten serviert werden. Und dieser umschreibt treffend das heutige Sortiment.

Mit Olivenölen, Antipasti, Wein und Käse aus Italien starteten sie 2002 ihren Weg in ihre persönliche Feinschmeckerwelt. Ihr Konzept, nur authentische Ware von renommierten Herstellern zu kaufen, die nicht nur geschmacklich höchste Ansprüche erfüllen,

SAARBRÜCKEN-ST. ARNUAL

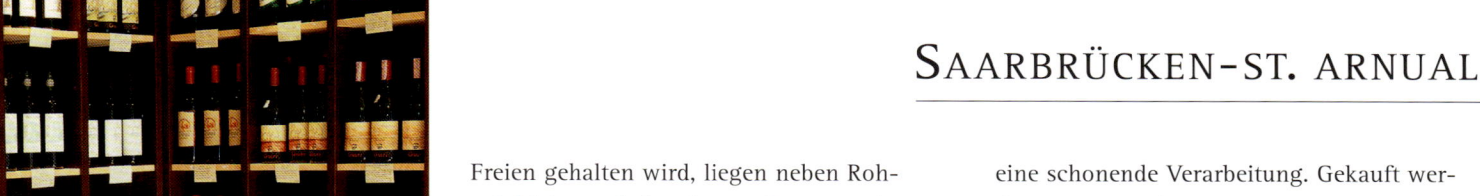

sprach sich schnell herum. Der Erfolg führte zur schrittweisen Erweiterung, sodass heute aus mehreren Ländern die besten Produkte eingekauft werden. Mehrere Auszeichnungen renommierter Gourmetführer folgten. Außergewöhnliche Schinken- und Salamispezialitäten, wie jene von einer seltenen toskanischen Sattelschweinart, die nur im Freien gehalten wird, liegen neben Rohmilchkäse und eingelegten Gemüseraritäten. Die ausgefallenen mediterranen Brotsorten und frische Pasta werden handwerklich gefertigt und mit Obst und Gemüse aus biologischem Anbau ergänzt. Trüffelprodukte und exzellente Pestos oder Sugos reizen. Neben zahlreichen Olivenölen sind auch marokkanisches Arganöl oder diverse feine Essige zu finden und besondere Gewürze wie Urwaldpfeffer oder schwarzes und weißes Trüffelsalz. Auch die süßen Verlockungen, wie rund 100 edelste Schokoladen, erfreuen den Genießer. Der hohe Qualitätsanspruch zieht sich auch durch das umfangreiche Weinsortiment und exquisite Grappe sowie Brände.

Das wichtigste Kriterium bei der Entscheidungsfindung ist für Katja Sellnau und Andreas Schmal der natürliche Geschmack. Dieser setzt Sorgfalt voraus, vom Anbau der Feldfrüchte bis zur Aufzucht der Tiere, und eine schonende Verarbeitung. Gekauft werden vorwiegend Original-Spezialitäten mit geschützter Herkunftsbezeichnung (beispielsweise DOP, IGP) und von Slow-Food geförderte regionale Produkte. Vorwiegend werden Lebensmittel aus kleineren, handwerklich arbeitenden Betrieben sowie aus kontrolliert biologischem Anbau eingekauft, die die Erhaltung besonderer Kulturlandschaften und die Biodiversität unterstützen. Im „apero" Bistro kann man Antipasti oder Kaffee-, Kakao- und Teespezialitäten probieren oder das tägliche zweigängige Mittagsmenü genießen und ein bisschen fachsimpeln. Das umfangreiche Wissen möchte das „Feinschmeckerduo" übrigens interessierten Besuchern nicht vorenthalten. Daher gibt es außer der Beratung auch Genusskulturtage sowie kulinarische Seminare. Eine gute Gelegenheit, um die Kommunikation, das Wissen und Speisen vorzüglich miteinander zu verbinden.

CUISINE PHILIPP

Cuisine Philipp

Saargemünder Straße 104
66119 Saarbrücken

Telefon 06 81 / 9 70 34 33

www.cuisine-philipp.de

Patricia Kaas lobte die innovative kreative Küche von Ellen Philipp, Saarbrücker Geschäftsleute und private Kunden tun es ihr gleich. Die charmante und quirlige Köchin aus Leidenschaft hat offensichtlich das richtige Gespür für Gaumenfreuden. Diese Bestätigung erhält sie immer wieder durch ihren Catering-Service und ihr 2007 eröffnetes Feinschmeckerrestaurant „Cuisine Philipp". Gute Freunde, die die Künste der ursprünglichen Hobbyköchin seit vielen Jahren schätzen, ermunterten Ellen Philipp, dieses Talent beruflich zu nutzen. Mit dem Catering-Service wagte sie den ersten Schritt und beim Internationalen Gourmetmarkt St. Arnual kam ihre selbst gefertigte Feinkost so gut an, dass die exklusiven Leckereien schon nach wenigen Stunden ausverkauft waren.

Doch zurück zu ihrem, im doppelten Wortsinn geschmackvollen Restaurant „Cuisine Philipp", das an traditionsreicher Stelle moderne Gastlichkeit bietet. Hinter der prächtigen Fassade des 1897 erbauten Hauses Saargemünder- / Ecke Feldstraße wurde die Geselligkeit schon großgeschrieben, als hier noch eine der ältesten Saarbrücker Gaststätten „Die Glocke" war. Mit neuen Ideen und geschickter Gestaltung verwandelten sich die Cuisine-Räumlichkeiten in eine helle freundliche Genussoase. Der minimalistische Stil, durch warme Farben und Bilder aufgelockert, kontrastiert zu dem alten Gebäude und ergibt eine attraktive Kombination.

So eigenwillig wie das Ambiente sind auch die exzellenten Speisen, die Ellen Philipp mit Raffinesse versieht. Die regionalen und

SAARBRÜCKEN

internationalen Gerichte werden ausschließlich frisch zubereitet und orientieren sich stets an der Saison. Bevorzugt kreiert sie mediterrane und asiatisch-orientalische Zubereitungen, serviert aber ebenso bodenständige Spezialitäten mit Pfiff. Vorzüglich sind ihr Pot au feu de la mer oder Ente in Granatapfel-Walnuss-Soße. Ein Gaumenschmaus sind auch glasierte Lammkeule oder mariniertes Gemüse. Die gut sortierten Weine aus den besten saarländischen, Pfälzer-, Naheoder französischen Regionen runden das kulinarische Vergnügen ab.

Die freundlich legere Art der „Meisterköchin" und ihres Teams ist ausgesprochen angenehm. Wenn es die Zeit zulässt, werden gern auch einmal Tipps für den häuslichen Herd gegeben. So manche Spezialität kann man gleich mitnehmen. Im Feinschmeckerregal des „Cuisine Philipp" findet man zahlreiche hauseigene Produkte, wie Chutneys, Pestos, Sugos oder Gelees und erlesene Öle, Balsamicos, Senf oder Kaffee hochwertiger Hersteller zum Mitnehmen.

Die vielseitige Crew des Partyservices kommt zu Familienfeiern oder betrieblichen Anlässen und liefert alles rund um den Tisch. Bodenständige Speisen sind ebenso möglich wie exotische Zubereitungen und exquisite Gourmetbüfetts. Die Vielseitigkeit überzeugt und ist garantiert alles andere als gewöhnlich.

Pot au feu de la mer

Zutaten

je 150 g mundgerechte Filetstücke von Wolfsbarsch, Rotbarbe, Seezunge
4 rohe Scampi, mit Schale
Möhren
Lauch
Staudensellerie
lila Kartoffeln (Vitelottes Noir), Menge nach Wahl
1 l Fischfond
4–5 Safranfäden
etwas gemahlener Ingwer

Zubereitung

Das Gemüse blanchieren, die Kartoffeln mit Schale kochen. Fischfond mit Gewürzen aufkochen, dann das Gemüse zugeben. Den Fisch und die Scampi etwa 5 Minuten auf kleiner Hitze darin ziehen lassen.
Die geschälten Kartoffeln in Scheiben zugeben. Nach Belieben noch einige Muscheln zugeben. Zum Schluss mit Petersilie garnieren.

MARTINSHOF STADTLADEN

Als die „Martinshof GmbH" 1984 mit ökologischem Anbau und Viehzüchtung in St. Wendel begann, betrat sie Neuland im Saarland. Heute ist der Hof mit Ziegenmolkerei, Metzgerei und Biobus-Lieferservice weithin bekannt und gefragt. Zusätzlich wurde 1998 der Saarbrücker „Martinshof Stadtladen" eingerichtet. Auch über Naturkostläden und Reformhäuser werden die ökologisch wertvollen Produkte vermarktet. Die hochwertige Arbeit wurde 2007 mit dem 1. Platz beim Förderpreis Ökologischer Landbau des Bundesministeriums für Ernährung, Landschaft und Verbraucherschutz belohnt.

Die Anfang der 1980er-Jahre private Umweltbildungseinrichtung „Martin-Ott-Stiftung" regte zu einem Biohof an, den der Hobbyschafhalter Klaus Ott und Diplom-Agraringenieur Gerhard Kempf gründeten. Mit 70 Schafen und zehn Hektar Wiesen begannen sie ihre Arbeit mit dem Anspruch, Umwelt, Natur und Mensch zu schützen. Heute werden auf dem Sankt Wendeler Martinshof 100 Hektar Land bewirtschaftet. Die 250 Milchziegen sollen in dem 2008 neu gebauten Stall auf 500 anwachsen, zusätzlich gibt es eine kleinere Mutterkuhherde. Schaut man hier bei der Arbeit zu, ist die Achtung vor der Schöpfung spürbar und auch als Laie kann man sehen, dass die Tiere sich wohlfühlen.

Die landwirtschaftliche Nutzung und Tierhaltung erfolgen im Einklang mit der Natur nach den Prinzipien des ökologischen Landbaus. Auf synthetische Dünge- und Pflanzenschutzmittel wird verzichtet, wie die Familien Kempf und Philipczyk betonen. Alle Tiere leben artgerecht auf Stroh und haben genügend Auslauf.

Das Konzept mit dem „Martinshof Stadtladen" und der Belieferung direkt ins Haus erspart den Kunden, die nicht zufällig im St. Wendeler Land wohnen, aber Wert auf bewusste Ernährung legen, weite Anfahrtswege. Dieser Umweltaspekt und die stetige Kundennähe sind Monika und Gerhard Kempf sehr wichtig. Sie nehmen sich viel Zeit für Gespräche und geben gern auch Hintergrundinformationen zur Herstellung oder Haltung.

Richtige Marktatmosphäre herrscht im „Hofladen in der Stadt", mitten in Saarbrücken.

Martinshof Stadtladen GmbH

Diskontopassage 47
66111 Saarbrücken

Telefon 06 81 / 3 90 86 50
Telefax 06 81 / 3 90 82 86

www.martinshof.de

SAARBRÜCKEN

Das komplette Naturkost-Sortiment ist hier vorhanden, mit dem Schwerpunkt auf Frischeprodukten von A wie Apfel bis Z wie Ziegenkäse. Ihre Ziegenmilchprodukte haben ein feines Aroma und eine cremige Konsistenz, sind zudem eine gute Alternative für Kuhmilch-Allergiker. Der handgeschöpfte Ziegenquark und -joghurt sind echte Spezialitäten. Mit diesen Köstlichkeiten zählt der Martinshof deutschlandweit zu den Vorreitern und bekam schon etliche Auszeichnungen.

Auch Wein, glutenfreie Produkte und selbst Tiernahrung sind zu haben. Sehr beliebt ist die Back- und Bistro-Theke, die frische Vollkornprodukte wie Brötchen und Croissants ebenso bietet wie hausgemachte Suppen und Salate. Mittags gibt es täglich wechselnde Gemüsesuppen und vegetarische Spezialitäten wie Gemüsefrikadellen, die man an Stehtischen genießen kann.

An allen Verkaufsstellen werden ausschließlich Bio-Produkte angeboten, Frischeprodukte überwiegend aus eigener Erzeugung. Auch die Fleischwaren, inklusive Geflügel, entsprechen den Bioland-Kriterien. Das Wild sowie Gemüse- und Milchprodukte werden von Kollegen bezogen. Alle Erzeugnisse werden regelmäßig von einer unabhängigen Kommission begutachtet. Hohe Qualitätsstandards sind in den Martinshof-Betrieben eine Selbstverständlichkeit.

In St. Wendel-Osterbrücken befinden sich der landwirtschaftliche Betrieb, die Produktion und das Logistik-Zentrum. Der Biobus beliefert Kunden bis in die Pfalz, in Luxemburg und Frankreich. Dauer- und Einzelbestellungen sind möglich. Gesunde Ernährung ist also gar nicht schwer erhältlich!

TRATTORIA TOSCANA

SAARBRÜCKEN

Trattoria Toscana
Alexander Keller

Fröschengasse 18–22
66111 Saarbrücken

Telefon 06 81 / 9 10 18 95
Telefax 06 81 / 9 10 18 96

www.trattoriatoscana.de

Die verwinkelten Gassen, nahe dem Sankt Johanner Markt und der Mainzer Straße, erinnern mit ein bisschen Fantasie an jene in der Toskana und kehrt man in der „Trattoria Toscana" oder im „Da Toni" ein, verstärkt sich dieser Eindruck. Hier offenbart sich Klein-Italien mit seinem typischen Ambiente und authentischen Speisen, von der Hausmannskost bis zur gehobenen Küche. Mit südländischem Charme garniert, wird der Besuch zu einem Erlebnis, das man gern wiederholt.

In einem gut erhaltenen Haus aus dem 18. Jahrhundert liegt die „Trattoria Toscana". Die terrakottafarbenen Wände und alten Eichenbalken des gediegenen Speiserestaurants, das sich auf drei Etagen erstreckt, vermitteln Behaglichkeit. Die herrliche Dachterrasse gehört zu den schönsten Saarbrückens. Der Oleanderduft mischt sich mit köstlichen Kräuterdüften und nach dem ersten Gläschen Wein ist die Urlaubsstimmung perfekt.

In renommierten Häusern, wie dem Kempinski Berlin, sowie in regionalen Spitzenbetrieben arbeitete Toscana-Inhaber Alexander Keller, der ein Restaurantfachmann und kreativer Koch ist, wie ihm mehrere Restaurantkritiker bescheinigten. Das Faible für die italienische Küche hat er durch seine Mutter Brigitte und seinen Stiefvater Aniceto Daniele gewonnen. Begeistert von der typisch italienischen Machart, die frische Produkte bevorzugt und auf natürliche Aromen baut, profitieren seine Gäste.

Genießer mit viel Ruhe ebenso wie Besucher, die schnell und trotzdem gut speisen möchten, fühlen sich hier wohl. Die frisch belegte Pizza oder die selbst gefertigte Pasta sind im Handumdrehen zubereitet. Als ausgefallene Spezialität locken hausgemachte Linguini aus dem Grano-Padano-Laib mit Kräuter-Tomaten-Ragout. Wunderbar sind auch schwarzer Heilbutt mit Pinienkernen und Ricotta oder Hirschmedaillons, gratiniert mit Maronen. Die Weinkarte entführt in die besten italienischen Lagen.

Für Kulturbegeisterte ist das Menü „Theater kulinarisch" fast ein Muss. Es wird saisonal passend kreiert und beim Kauf der Karten mitgebucht. Nach der Vorspeise und dem

SAARBRÜCKEN

DA TONI

Hauptgang geht es ins nahe gelegene Theater und nach der Vorstellung wird das Dessert gereicht.

Unverkennbar ist die besondere Verbindung zu Italien auch im „Da Toni" (ebenfalls in der Altstadt gelegen), Pizzeria und Ristorante in einem. In dem etwas rustikaleren Ambiente, durch eine einladende Theke und dunkles Holz sowie karierte Tischdecken geprägt, fühlt man sich gleich zu Hause. „Maestro" Aniceto Daniele stammt aus den Abruzzen und brachte von dort viele Rezeptideen mit. Seine Heimat umgibt den Gast durch die italienischen Landschaften an den Wänden. Vom hellen Gartenzimmer schweift der Blick auf den herrlichen Innenhof mit Schatten spendendem Grün, der Platz für rund 150 Gäste bietet. In diesem Flair wird auch der Alltag zum Genuss.

La Cuccina come la Mamma, also Hausmannskost wie bei Muttern, ist die Spezialität von Aniceto Daniele und seinem Team, der sich heute vorwiegend dem Service widmet. Er pflegt mit Freude den engen Kontakt zu den Besuchern, darunter viele Stammgäste. Raffinierte Pizzen sind ebenso im Angebot wie Kaninchen auf sizilianische Art oder Lammkeule in Rotweinsoße. Die traditionellen Spezialitäten und interessanten Weine werden zu vernünftigen Preisen liebevoll serviert. Mit 16 Jahren zog es Aniceto Daniele in die Schweiz, später in die Pfalz und schließlich ins Roma, Saarbrücken. Seine Heimat und die italienische Lebensart spiegelt heute das „Da Toni" wider, zum Vergnügen der Gäste.

Pizzeria Ristorante Da Toni
Aniceto Daniele

Mainzerstraße 3
66111 Saarbrücken

Telefon 06 81 / 9 38 80 29
Telefax 06 91 / 9 85 02 67

www.datoni-ristorante.de

TOURISMUS ZENTRALE SAARLAND

Tourismus Zentrale Saarland GmbH

Franz-Josef-Röder-Straße 17
66119 Saarbrücken

Telefon 06 81 / 92 72 00
Telefax 06 81 / 9 27 20 40

www.tourismus.saarland.de
www.saarwanderland.de

Wandern macht glücklich, vorausgesetzt, man liebt die Natur und aktive Bewegung. Die besten deutschen Wanderwege sind im Saarland zu finden, wie Fachleute bestätigen. Eingebettet zwischen Frankreich und Luxemburg, ist das kleinste, aber feine Bundesland, mit seiner abwechslungsreichen Landschaft und der hervorragenden Küche ein ideales Ziel. Das SaarWanderLand bietet von Pilgertouren und Schlemmerwandern bis hin zum Eseltrekking für Familien ein breites Spektrum an Wegen und Themen.

Dabei setzt das Saarland bewusst auf die Umsetzung der Qualitätskriterien des deutschen Wandersiegels. Diese Premiumwanderwege sind ausgesuchte, beschilderte Rundwanderwege in schönster Landschaft. Alle Tages- oder Halbtagestouren wurden nach besonderen Landschaftskriterien ausgewählt, wobei die Schönheit der Natur und die Dramaturgie des Weges eine große Rolle spielen. 25 Wege im Saarland erhielten vom Deutschen Wanderinstitut die Auszeichnung „Premiumweg".

Die acht „Saarland Tafeltouren – Wandern und Schlemmen" verknüpfen Touren in herrlicher Landschaft mit kulinarischen Kostbarkeiten. Als Messlatte dienten auch hier die Kriterien des Deutschen Wandersiegels, für die Küche der ausgezeichnete Geschmack der saarländischen Speisen.

Die „Schaumberg – Tafeltour – Naturpfade am Aussichtsberg des Saarlandes": Schmale, erdige Pfade schlängeln sich an dicht bewaldeten Flanken des 569 Meter hohen Schaumberges entlang und immer wieder bieten sich wunderbare Ausblicke ins Land, bis zum benachbarten Frankreich. Das Örtchen Tholey hat keltische, römische und fränkische Wurzeln. Sehenswert ist die gotische Abteikirche St. Mauritius, deren Gründung bis ins 7. Jahrhundert zurückreicht. Kulinarisch kann man hier zwischen Gourmetrestaurant, mediterranem Bistro und rustikaler Marktstube wählen.

Eine leichte Tagestour auf den Höhen des Bliesgau verbirgt sich hinter der „Bliesgau Tafeltour – Weg der Waldsäume". Beim Wandern entlang der Wiesen- und Waldränder entdeckt man Streuobstwiesen und die liebliche Landschaft. Die Tour führt durch den Bliesgau, eine der schönsten Landschaften des Saarlands, direkt an der französischen

SAARBRÜCKEN

Grenze. Dementsprechend gut ist die Gastronomie!

Eine Halbtagestour vom Losheimer Stausee entfernt, durch den Naturpark Saar-Hunsrück, befindet sich die „Losheimer Tafeltour – Wandern am Stausee". Durch Wälder, Wiesenlandschaften und an Bachläufen entlang gelangt man zu der schönsten Fernsicht des Hochwalds. In stilvollem Ambiente können die Wanderer hier Schmackhaftes genießen.

Interessante Pfade schlängeln sich durch einsame Wälder und führen zu fantastischen Felsformationen auf der „Kirkeler Tafeltour – Einsame Waldpfade und bizarre Sandsteinfelsen". Die Burgruine Kirkel krönt das Ende dieser Wanderung, ebenso die im Umfeld erhältlichen französisch angehauchten Spezialitäten.

Der 17 km lange Rundwanderweg der „Hochwald Tafeltour – Weg der Bäche" kombiniert schmale und verschlungene Pfade mit urwüchsigen Wiesen und Waldsäumen. In romantischen Bachtälern kann man entspannen und urige Einkehrmöglichkeiten finden. Eine abwechslungsreiche Wanderung rund um das saarländische Wahrzeichen, die Saarschleife, bietet die „Saarschleife Tafeltour – Naturschauspiel inklusive". Regionale Spezialitäten sucht man hier nicht vergeblich!

Ein intensives Wandererlebnis für trittsichere Sinnesabenteurer ist die „Urwald-Tafeltour". Im Saarkohlewald, wo vor einigen Jahrzehnten noch Bergbau betrieben wurde, erobert sich langsam die Natur ihren Lebensraum zurück. In diesem Urwald vor der Stadt lockt das „Forsthaus Neuhaus."

Spannend dürfte es auf den Spuren der Schmuggler werden, bei der beliebten „Berus-Tafeltour". Der Grenzgängerweg eröffnet herrliche Ausblicke, vom wundervollen Saarland bis weit ins ebenfalls attraktive französische Lothringen hinein. Mehrere Tafeltour-Restaurants liegen in unmittelbarer Umgebung.

53

DIE BAUERNSTUBE

Schon Johann Wolfgang von Goethe bestaunte den Brennenden Berg in Dudweiler, ein in Brand geratenes Kohlefloez, das hier seit über 200 Jahren im Innern kokelt und immer noch geheimnisvoll wirkt. Heute liegt er inmitten eines Naherholungsgebietes. Von der Grube Jägersfreude, die 1968 geschlossen wurde, blieben noch viele denkmalgeschützte Häuser übrig, wie jenes, in dem das gemütliche Restaurant „Die Bauernstube" liegt. Das malerische Ambiente gewinnt zusätzlich durch den offenen Buchenholzgrill, auf dem ganzjährig Leckereien zubereitet werden.

Vor über 100 Jahren entstand hier ein Wohnhaus, später eine Wirtschaft. Klaus-Günter Koch, gelernter Hotelkaufmann, und seine Frau Esther, Restaurantfachfrau, verwandelten das Gasthaus in ein ungewöhnlich gestaltetes Restaurant, das sie seit über 30 Jahren führen. Das Herzstück der Räumlichkeiten ist die rustikale Stube – eigentlich ein Wintergarten – mit integriertem kleinem Ziegeldach und gemauertem Grill, die den Eindruck erweckt, als sitze man im Freien. Im Sommer werden die Schiebefenster geöffnet, sodass man an der frischen Luft ist und gleichzeitig die Ruhe genießen kann.

Traditionell steht fast in jedem saarländischen Haushalt in der warmen Jahreszeit der dreibeinige Schwenkgrill im Garten, auf dem das Lieblingsgericht Schwenkbraten zubereitet wird. Bei Kochs gibt es diese Spezialität ganzjährig und das Buchenholz gibt dem Fleisch stets ein besonders gutes Aroma. Die gutbürgerliche Küche, die saarländische Spezialitäten ebenso bietet wie weitere deutsche, französische oder argentinische Gerichte, ist eine Verlockung. Beim Blick auf den Grill läuft bereits das Wasser im Munde zusammen und mit entsprechendem Appetit werden die Steaks verzehrt.

Auf die verschiedensten Arten mariniert, von süßlich-aromatisch bis scharf, schmecken die Grillgerichte immer wieder anders, aber gleichbleibend gut. Ob saftiges Roastbeef, Entrecôte oder frisches Geflügel, jedes Stück ist genau auf den Punkt zubereitet. Delikat sind auch verschiedenste Gemüse, die auf dem offenen Feuer mitgegart werden. In diesem saarländischen Steakhaus wird das Fleisch zur Köstlichkeit, wie beispielsweise der Lammrücken unter Minzekruste. Als Vorspeise gibt es ebenfalls interessante Varianten, wie die Bretonische Fischsuppe oder die pikante Tapas-Variation, die übrigens auch für den kleinen Hunger gut geeignet sind.

Restaurant „Die Bauernstube"

Hauptstraße 20
66123 Saarbrücken-Dudweiler

Telefon 06 81 / 3 29 69
Telefax 06 81 / 3 29 00

www.bauernstube-saarbruecken.de

Saarbrücken-Dudweiler

Gut und reichlich sind die mittäglichen und abendlichen Menüs, die regelmäßig wechseln und wie alle Speisen stets frisch zubereitet werden. Die stets authentische Küche überzeugt und die herzliche, familienfreundliche Atmosphäre begeistert Urlauber ebenso wie regionale Gäste. Und vor oder nach dem guten Mahl empfehlen sich für Wanderer der schnell erreichbare Haldenrundweg und für kleine wie große Entdecker das Naherholungsgebiet.

Lammrückenfilet unter Minz-Kräuterkruste

Zutaten

ca. 800 g Lammrückenfilet
3 Scheiben Toast oder Weißbrot
60 g Butter
3 Blätter Minze
1 Zweig Lorbeer
1 Zweig Thymian
1 Knoblauchzehe
2 Eigelb
1/2 rote Zwiebel
4 EL Olivenöl
Salz
bunter Pfeffer aus der Mühle

Zubereitung

Das Lammfleisch von der Silberhaut befreien. Knoblauchzehe, Lorbeer und Thymian klein schneiden, mit dem Öl verrühren, zum Fleisch geben und mindestens 4 Stunden stehen lassen.
Die Zwiebel würfeln, das Weißbrot in ganz kleine Würfel schneiden und mit der Butter in einer Pfanne goldgelb braten.
Anschließend in einen Küchenmixer geben und mit dem Eigelb sowie der klein gehackten Minze mischen. Wenig Salz hinzufügen und kurz pürieren.
Das Lammfleisch von jeder Seite 2 Minuten scharf anbraten, wenig salzen und pfeffern. Anschließend in eine Auflaufform geben, mit der Minzemasse dünn bestreichen und im Grill oder Backofen 3 Minuten überbacken.
Dazu passen Rotwein-Schalottensauce, sowie Grenaillekartoffeln aus dem Backofen.

FORSTHAUS NEUHAUS

Restaurant Forsthaus Neuhaus

Forsthaus Neuhaus
66115 Saarbrücken

Telefon 0 68 06 / 99 45 66
Telefax 0 68 06 / 99 47 55

www.forsthaus-neuhaus.de

Inmitten der grünen Idylle des Saarkohlenwaldes schmiegt sich das „Forsthaus Neuhaus" an den Hügel. Ein traumhafter Blick auf Saarbrücken und wundervolle Ruhe umgeben den Besucher, der die unverfälschte Natur in diesem einzigartigen „Urwald" genießen möchte. Im „Forsthaus Neuhaus" mit seiner gelungenen Verbindung aus Moderne und historischen Mauern bietet das Ehepaar Annette Krautkremer und Khalid Arabe seit 2004 in einem außergewöhnlichen, naturnahen Ambiente eine hervorragende Küche.

Graf Philipp III. ließ 1572 hier sein Jagdschloss errichten, von dem noch heute der Gewölbekeller erhalten ist. Nach seiner wechselvollen Geschichte und teilweisen Zerstörung wurde es zum Gutshof und später zur Revierförsterei. Bereits Anfang des 19. Jahrhunderts wurde eine Gaststube eingerichtet und entwickelte sich zum beliebten Ausflugslokal.

Im heutigen Restaurant „Forsthaus Neuhaus", angrenzend an das Waldzentrum (Veranstaltungs- und Schulungszentrum der Landesforstverwaltung), ist die Natur allgegenwärtig. Die Fassade des denkmalgeschützten Hauses wurde entkernt und mit verschiedenen heimischen Hölzern geschmackvoll gestaltet. Große Glasfronten vermitteln den Eindruck im Freien zu sitzen und das fein abgestimmte Interieur strahlt wohlige Wärme aus. Rund 60 Gäste können sich hier verwöhnen lassen und jeweils ab dem 1. Mai lockt der herrliche Biergarten, von einer großen Platane beschattet, mit rund 200 Plätzen. Der

SAARBRÜCKEN

historische Gewölbekeller wird gelegentlich für Empfänge genutzt oder im Rahmen der saarländischen Schlössertour geöffnet. Fürstlich speisen kann man indes zu jeder Zeit. Wanderer oder Radfahrer fühlen sich genauso wohl wie private oder geschäftliche Besucher, die die Stadtnähe schätzen, aber gern einmal die Natur „schnuppern" möchten. Khalid Arabe und sein Team bieten eine sehr breite Palette an. Zünftige Gerichte von der Wanderkarte oder ein knackiger Salatteller sind genauso möglich wie gehobene Gerichte. Die klassische französische Küche, mit mediterranen und marokkanischen Gewürzen verfeinert, ist immer einen Versuch wert. Frische Produkte, möglichst aus der Region, finden Verwendung und ergeben kreative Überraschungen. Köstlich sind der Thunfisch mit Arganöl oder Seeteufel mit Kräutern. Auf Vorbestellung serviert Khalid Arabe gern auch Gerichte aus seiner marokkanischen Heimat, wie Tajine und Couscous, die wegen ihrer Authentizität hervorragend munden. Themenabende mit saisonalen Schwerpunkten oder spezielle Menüs bringen weitere Abwechslung.

Die große Weinkarte mit rund 150 Positionen, davon zwanzig im offenen Ausschank, lässt keine Wünsche offen und auch ein frisch gezapftes Bier fehlt nicht. Annette Krautkremer und ihre Mitarbeiter umsorgen die Gäste mit einem ausgezeichneten Service und managen Familienfeiern oder betriebliche Veranstaltungen mit sicherer Hand. Das einstige Ausflugslokal zieht seit der Leitung durch das sympathische Gastronomenpaar wieder viele Menschen aus der Region an, zumal das „Forsthaus Neuhaus" das Ziel von sieben wunderschönen Sternwanderungen ist. Ein weiterer Höhepunkt ist der 2005 wiederbelebte „Musiksommer im Neuhaus", der in Zusammenarbeit mit dem Kulturverein Riegelsberg angeboten wird. Konzerte von Blues über Jazz bis Folk finden von Mai bis Anfang September hier statt und sind in der Waldkulisse einfach hinreißend.

Annette Krautkremer und Khalid Arabe haben das „neue" Forsthaus schon in kurzer Zeit zu einem besonderen Restaurant werden lassen. Etliche Auszeichnungen bestätigen die hohe Qualität. So wurde das „Forsthaus" zum Newcomer des Jahres 2006, wird regelmäßig von regionalen Guides gelobt und wurde vom renommierten Gault Millau ausgezeichnet. Natur und Natürlichkeit beim Kochen und Service machen jeden Besuch hier zum Erlebnis.

VOM GRUBENBAU ZU INNOVATIVER TECHNIK UND NATURPRODUKTEN

Die Gemeinde Quierschied ist typisch für den Grubenbau. Er sicherte den Menschen Arbeit und Brot und als in Göttelborn im Jahr 2000 die letzte Grube geschlossen wurde, fürchteten viele um ihre Zukunft. Doch neue Technologien zogen ein und das Gebiet wurde touristisch attraktiver. Der herrliche Saarkohlenwald wird heute vor allem von Wanderern gut frequentiert.

In der Stadt Quierschied wird die industrielle Geschichte sowie das dörfliche Leben im Heimatmuseum dokumentiert. Das 1907 entstandene Knappschaftskrankenhaus kann betrachtet werden, von dem heute noch das alte Pförtnerhaus vorhanden ist, welches als gediegenes Restaurant genutzt wird. Die Klinik selbst wechselte den Namen und wurde neuen Erfordernissen angepasst. Interessant sind die Informationen aus den Jahren 1728 bis 1779, die sich auf die ehemalige Eisenschmelze Fischbach und die Glashütte Quierschied beziehen. Die Bergbauentwicklung im 19. Jahrhundert nimmt ebenfalls einen breiten Raum ein. Man kann sich gut vorstellen, wie schwer die Arbeit der Kumpel unter Tage war und wie gefährlich sie sein konnte. Doch auch der Alltag im Dorf lebt in diesem Museum auf. Eine Wohnküche, ein Schlafzimmer und die alte Waschküche sind mit vielen Kleinigkeiten ausgestattet, die vor

allem Kinder mächtig bestaunen. Es gibt Einblicke in die Landwirtschaft sowie Milchwirtschaft. Und wie die häusliche Backstube oder die Imkerei betrieben wurden, kann man ebenfalls erfahren. Der Ausflug in die Vergangenheit umfasst zahlreiche Aspekte und hat hohen Informationswert.
Ausgewogen ist die Mischung aus Industrieobjekten und Naturerhaltung. In Spiesen-Elversberg wird dies besonders deutlich. Das Naherholungsgebiet Galgenberg beherbergt rund um den Galgenbergturm, im Ortsteil Elversberg, eine Fläche von 2 000 Quadratmetern, auf der Rosen gedeihen. Etwa 1 200 Stöcke sind hier zu finden. Darunter sind Floribunda-, Wild-, Hochstamm- oder

Grube Göttelborn

Vom Grubenbau zu innovativer Technik und Naturprodukten

Kletterrosen in diversen Sorten. Da die jeweiligen Arten zu unterschiedlichen Zeiten ihre Knospen entfalten, ist das Gebiet ganzjährig geöffnet und vor allem über die Sommermonate offenbart sich die Pracht. Göttelborn zählte lange zu den größten und bekanntesten Grubenstandorten des Saarlandes und die ungewisse Zukunft, der die Menschen aus der Region nach der Schließung der riesigen Anlage entgegensahen, scheint sich zum Positiven zu wenden. Durch das Strukturwandel-Projekt, das die „Industriekultur Saar (IKS)" einleitete, konnten neue Arbeitsplätze geschaffen und eine sinnvolle Umnutzung eingeleitet werden. Die imponierende Industriearchitektur wurde bewusst in das neue Konzept eingebunden. Halden und Weiher liegen hier dicht beieinander und eine der begehrtesten Attraktionen ist der über 90 Meter hohe Förderturm. Er kann bis zur Bühne in 75 Metern Höhe befahren werden. Von hier hat man einen faszinierenden Blick über die Landschaft und die Industrieobjekte.

Das ehrgeizige Ziel aller Beteiligten ist, das gesamte Areal ökonomisch umzunutzen. Es soll ein Zukunftsort entstehen, der die historischen Gebäude und Landschaften umfasst und neueste Technologien einbezieht. Dieses Ziel wurde mit dem angesiedelten weltweit größten Solarkraftwerk bereits teilweise realisiert. Es empfiehlt sich, bei der „IKS" Informationen einzuholen, denn es gibt sachkundige Führungen. Interessant sind auch die vielen Angebote des „WZB Werkstattzentrum für behinderte Menschen" in Spiesen-Elversberg. Die Integration Behinderter sowie Rehabilitationsmaßnahmen werden hier vorbildlich gefördert. Auf dem Wendelinushof in

Galgenbergturm

Wendelinushof

St. Wendel arbeiten sie unter anderem in der Gärtnerei und im Hofladen, in dem eigene und Produkte von Erzeugern aus der Region erhältlich sind.

Der Integrationsbetrieb „Centrum für Freizeit und Kommunikation (CFK)" in Spiesen-Elversberg ist interessant für private wie geschäftliche Besucher. Hier werden die Produkte des Wendelinushofs zubereitet und gleichzeitig sind Übernachtungsgäste willkommen. Die nahe Veranstaltungshalle ist für größere Events geeignet.

ALTES PFÖRTNERHAUS

Der Baumeister des über 100 Jahre alten Häuschens hätte sicher seine Freude an dem Restaurant „Altes Pförtnerhaus". Das schmucke Gebäude am Waldrand zieht heute noch die Blicke auf sich und die einstige Amtsstube verwandelte sich in ein Kleinod. In der nostalgischen Atmosphäre wird höchste Kochkunst zelebriert, gewürzt mit charmanter Gastfreundlichkeit.

Man fühlt sich irgendwie an Großmutters gute Stube erinnert. Eleganz und Gemütlichkeit empfangen den Besucher und heißen willkommen. Gastgeber Uwe Schäfer gestaltete das Haus mit viel Liebe zum Detail und gutem Stilgefühl. Mit der gleichen Kreativität entstehen in der Küche wahre Gaumenfreuden. Auf seiner Speisekarte gibt es stets Veränderungen. Gern verwendet er regionale Produkte und richtet sich stark nach dem saisonalen Angebot. Oberstes Kriterium seiner Wahl ist die Qualität und so gelangen nur tagesfrische Produkte in seine Küche. In der kühlen Jahreszeit gibt es oft wunderbare Suppen, wie die raffinierte Karotten-Curry-Suppe mit gebratener Jakobsmuschel. Für den Vitaminhaushalt sorgen knackige Blattsalate mit Tranchen von der Entenbrust an Cassis-Dressing. Und anschließend empfiehlt der Koch aus Leidenschaft ein zartes Kalbssteak auf Pflaumen-Apfelsoße mit Morchel-Nudeln. Zum Abschluss lockt die „Irish Surprise", die aus Erdbeereiscreme mit Minzpüree und Likör auf Schlagsahne besteht. Ein Genuss, der nach Wiederholung ruft!

Restaurant Altes Pförtnerhaus

Fischbacher Straße 101
66287 Quierschied

Telefon 0 68 97 / 6 01 06 65
Telefax 0 68 97 / 6 01 06 65

www.altes-pfoertnerhaus.de

QUIERSCHIED

Selbst an heißen Tagen ist es in dem denkmalgeschützten Gebäude mit seinen dicken Mauern angenehm. Ruhig und schön ist es auch auf der netten Terrasse. Die Sommerkarte hält ebenfalls stets Überraschungen bereit. Vielleicht entscheidet man sich für einen bunten Salat mit hausgemachtem Holunderblüten-Essig. Danach mundet ein saftiges Zanderfilet auf Ravioli sicher bestens oder mit ein wenig Glück steht gerade noch der Bachsaibling an Pfifferlingen auf der Karte.

„Die Freude liegt im Wandel", wie auch die Weinkarte zeigt. Erlesene Tropfen aus der Region ebenso wie internationale, die mit der gehobenen Küche korrespondieren, wählt Uwe Schäfer sorgfältig aus. Für das Frühjahr und den Sommer bietet er leichtere Weine, im Herbst und Winter kommen eher vollmundige auf die Karte. Gelegentlich gibt es auch kulinarische Weinabende in Zusammenarbeit mit Winzern. Als Kunst- und Kulturfreund bietet der sympathische Gourmetkoch gern mal einen Schlemmerabend mit Musik an.

Und für Freunde der norddeutschen Küche gibt es einmal jährlich ein 6-gängiges Captains Dinner sowie im Winter Grünkohlessen mit Pinkel. Um diese Besonderheiten oder sein „Jagdmenü", stets zur Pilzsaison, nicht zu verpassen, empfiehlt es sich, auf die Vorankündigung zu achten. Tischreservierungen sind generell empfehlenswert.

Bachsaibling an Pfifferlingen

Zutaten
200 g Kartoffeln
Sahne und Milch, gemischt
1 kleine Zwiebel
4 Bachsaiblingfilets à 180 g
etwas Mehl
4 Zitronenscheiben
Thymian
frisches Basilikum
100 g Butter
1 Schalotte
Olivenöl
200 g Pfifferlinge
etwas Petersilie
Salz, Pfeffer
evtl. Zitrone

Zubereitung
Aus den Kartoffeln und dem Sahne-Milch-Gemisch das Kartoffelpüree zubereiten.
Die Zwiebel bräunen und mit dem Püree vermischen. 100 Milliliter Wasser mit der gewürfelten Schalotte auf die Hälfte reduzieren, die kalte Butter unterrühren, bis sie leicht sämig wird. Beim Anrichten die fein geschnittenen Basilikumblätter zufügen.
Den Saibling würzen, mehlieren und anschließend auf der Hautseite anbraten. Den Saibling wenden und danach die Zitronenscheiben mitbraten.
Die Pfifferlinge in Butter anschwitzen und mit Salz und Pfeffer abschmecken.
Das Kartoffel-Zwiebel-Püree auf den Teller geben, darauf den Saibling anrichten. Die Pfifferlinge mit der Petersilie und der Basilikumbutter rundherum geben.

IKS INDUSTRIEKULTUR SAAR

Der Bergbau brachte industrielle Arbeit und Leben in die einst selbstständige Gemeinde Göttelborn, die heute als kleinster Gemeindebezirk zu Quierschied gehört. Als nach 113 Jahren, im September 2000, die letzte Schicht auf der traditionsreichen Grube Göttelborn gefahren wurde, stand die gesamte Region vor einer ungewissen Zukunft. Fast zeitgleich wurde die „Industriekultur Saar – IKS" mit dem Ziel, den Strukturwandel zu fördern und zu unterstützen, gegründet. Aus der Vision, das alte Grubengelände zum „Zukunftsort Göttelborn" umzuwandeln, sind zwischenzeitlich konkrete Projekte entstanden und Attraktionen, die viele Besucher anziehen.

Die Ursprünge der legendären Saargrube liegen im 15. Jahrhundert. Noch in den Neunzigerjahren wurde kräftig in das gewaltige Verbundbergwerk investiert. Dennoch war die Schließung unabwendbar. Die daraufhin im Jahre 2000 gegründete „Industriekultur Saar" hat die Aufgabe, „aus den herausragenden Eigenschaften der Vergangenheit Neues zu entwickeln".

Die Orte der Industriekultur und Räume der Industrienatur sollen neu belebt werden, wie Karl Kleineberg, Geschäftsführer der IKS und Delf Slotta, Projektleiter des „Netzwerk der Industriekultur Saarland", Interessierten verdeutlichen. Das Saarland, Lothringen und Luxemburg bilden einen Schwerpunkt der Industriekultur in Europa. Industriekultur und Strukturwandel sollen in Göttelborn an zukunftsweisenden „Bildern" ablesbar werden. Besucher treffen auf dem 120 Hektar großen Areal des ehemaligen Bergwerks eine imponierende, hochmoderne Industrieanlage an. Die größte Attraktion ist der fast 100 Meter hohe Förderturm über dem Schacht Göttelborn 4. Von einer Plattform in 75 Meter Höhe aus offenbart sich ein wunderbarer Panoramablick auf den Hunsrück, den Pfälzerwald, die Vogesen und natürlich das wunderbare Saarland. Und auch einen Himmelspfeil gibt

IKS Industriekultur Saar GmbH

Boulevard der Industriekultur
66287 Quierschied-Göttelborn

Telefon 0 68 25 / 9 42 77 41
Telefax 0 68 25 / 9 42 77 99

www.iks-saar.net

Quierschied-Göttelborn

IKS INDUSTRIEKULTUR SAAR

es. Von dieser grandiosen Aussichtsrampe überblickt man den gesamten Saarkohlenwald, der sich bei Wanderern und Radfahrern zunehmender Beliebtheit erfreut. Vergangenheit und Zukunft treffen in Göttelborn eindrucksvoll aufeinander. Wer sich für Industriekultur interessiert, ist begeistert von diesem besonderen Ort. Selbst wenn man sich mit der Geschichte des Saarbergbaus bislang nicht beschäftigt hat, erhält man hier einprägsame, unvergessliche Einblicke. Auf dem einstigen Grubenareal bietet die „Industriekultur Saar" stets Führungen an.
Die Rundgänge sind ein besonderes Erlebnis, voller Informationen, Abenteuerlust und Spaß. Also rundum lebendige Geschichte. Jedes Jahr ab April gibt es in Göttelborn interessante Führungen. Dann kann man hinter die Tore des früheren Großbergwerks schauen. Sie werden von einem fachkundigen IKS-Gästeführer-Team geleitet. Delf Slotta,

QUIERSCHIED-GÖTTELBORN

verantwortlich für die Führungen, bietet selbst darüber hinaus „Spezialtouren" an. Nähere Informationen dazu sind im Internet zu finden.

Die Einzel- und Gruppenführungen können zudem bei frühzeitiger Anmeldung auch auf spezielle Interessenslagen zugeschnitten werden. Viele Attraktionen dokumentieren den Weg, der Göttelborn in die Zukunft führen wird. So konnte eines der größten Fotovoltaik-Kraftwerke Europas bereits verwirklicht werden – ein eindrucksvolles Beispiel für den Strukturwandel.

Ein außergewöhnliches Erlebnis ist ganz sicher die Cafécantine Flöz. Rund 90 Personen können hier in einem gepflegten Gastraum oder auf der Terrasse die Eindrücke der Industriekultur auf sich wirken lassen. An elegant gedeckten Tischen wird themenbezogenes Essen serviert, statt einer Speisekarte gibt es stets Empfehlungen. Der Küchenchef überrascht oft mit eigenwilligen aber wunderbaren Kreationen. Auch die Durchführung von speziellen Feiern ist möglich.

Für größere Gruppen mit bis zu 300 Personen sind die Räume der „Werkstatt der Industriekultur" bestens geeignet. Auch hier überzeugt das kulinarische Angebot. Möchte man bleiben, ist eine Übernachtung im nahen Gästehaus möglich, das über 10 geräumige, ungewöhnlich gestaltete Appartements verfügt. Bei einem Besuch in Göttelborn kann man beobachten, mit wie viel Arbeit, Energie und Kreativität dieses außergewöhnliche Strukturwandelprojekt sukzessive nach vorne gebracht wird. Hier hat die Zukunft bereits begonnen. Die Vision vom Zukunftsort nimmt in Göttelborn sichtbar Gestalt an.

WZB WENDELINUSHOF

Die „WZB gGmbH" verfolgt das Ziel, Menschen mit Behinderungen in ein gesellschaftliches Miteinander zu integrieren. Sowohl die Persönlichkeit als auch die Teilnahme am Arbeitsleben sollen gefördert werden. Derzeit sind 920 Menschen mit Behinderung im WZB beschäftigt. Von diesen arbeiten 67 auf dem Wendelinushof in St. Wendel. Er bietet in der Gärtnerei, im Hofladen, im Restaurationsbetrieb der Hofküche, in der Landwirtschaft und der Biogasanlage sowohl jüngeren als auch älteren Menschen mit geistiger Behinderung ihren individuellen Fähigkeiten entsprechende Förder- und Arbeitsmöglichkeiten. Zum WZB (Werkstattzentrum für behinderte Menschen der Lebenshilfe) gehören die Integrationsbetriebe „CFK gGmbH" (Centrum für Freizeit und Kommunikation) mit seinem Hotel, Fitness- und Eventbereich in Spiesen-Elversberg und die Schlacht- und Verarbeitungsstätte Wendelinushof – St. Wendeler Landfleisch gGmbH – auf dem Wendelinushof. Die Wurst- und Fleischwaren, die in der Schlacht- und Verarbeitungsstätte hergestellt werden, sind Bestandteil des kulinarischen Angebots des CFK und der Hofküche des Wendelinushofes.

Die barrierefreien Räumlichkeiten ermöglichen es auch Menschen mit gesundheitlichen Einschränkungen im CFK Urlaub zu machen oder sich im Restaurant verwöhnen zu lassen, allein oder gemeinsam mit anderen Interessierten. Für Übernachtungen stehen elf komfortable Doppelzimmer sowie zwei Appartements (bis vier Personen) zur Verfügung. Im behindertengerechten Wellnessbereich, im Fitnessclub Fit & Balance sowie in der waldreichen und erholsamen Umgebung kann man wunderbar entspannen. In dem freundlich eingerichteten Restaurant ist Platz für 50 Gäste, die vom Frühstück bis zum Abend

WZB gGmbH
Werkstattzentrum für behinderte Menschen der Lebenshilfe

Wendelinushof
66606 St. Wendel

Telefon 0 68 51 / 93 98 70
Telefax 0 68 51 / 9 39 87 29

www.wendelinushof.de

St. Wendel

eine abwechslungsreiche Karte mit einem werktäglichen Stammessen vorfinden. Auf der einladenden Terrasse ist es bis in den Herbst hinein angenehm. Kleine Feiern sind in netten Nebenräumen möglich und für Großveranstaltungen empfiehlt sich die nahe Eventhalle.

Auf dem Wendelinushof, dem ehemaligen Paterhof der Steylermissionare in St. Wendel, werden die Nutztiere artgerecht gehalten und auch die Landwirtschaft nach sozialen, ökologischen und ökonomischen Prinzipien geführt. Die Verarbeitung der Fleisch- und Wurstprodukte übernimmt die St. Wendeler Landfleisch gGmbH, die sich direkt auf dem Wendelinushof befindet. So werden lange Wege beim Tiertransport vermieden und man unterwirft sich hohen Qualitätsstandards. Hofführungen sind auf Anmeldung möglich und werden auch von Familien und Reisegruppen gern genutzt.

Im Hofladen werden eigene Produkte und solche von regionalen Erzeugern verkauft. Neben Obst, Gemüse und Fleischwaren gibt es Spezialitäten wie Marmeladen, Honig, Nudeln oder Rapsöl. Zusätzlich zu Gartenpflanzen ist in der Gärtnerei ein reichhaltiges Angebot erhältlich. In der angegliederten Gaststätte, der Hofküche, werden gutbürgerliche Gerichte angeboten. Wunderbar sitzt man auch im Wintergarten sowie im Biergarten. Ob regionales Wild oder die beliebten Wendelinushof-Hähnchen und Vegetarisches, das Angebot ist vielfältig und gut. Die verschiedenen Themenwochen bringen weitere Überraschungen. Beim Wendelinushof oder beim CFK bereiten die Naturnähe, das gemütliche Ambiente und die vorzügliche Zubereitung stets ein besonderes Vergnügen.

Das Miteinander von Menschen, die Integration nicht nur als Schlagwort benutzen, sondern gemeinsam leben, schafft in allen Bereichen des WZB eine besonders angenehme und freundliche Atmosphäre. Und die hohe Qualität der Produkte, ob Lebensmittel, Floristik oder Gartenpflanzen, überzeugt Privatpersonen ebenso wie Gastronomen oder den Handel. Künftig wird die Palette noch durch küchenfertige Zubereitungen – so genannte Convenience-Produkte – erweitert und der Catering-Service macht jede Gesellschaft zu einer gelungenen Veranstaltung.

69

WELTKULTURERBE VÖLKLINGER HÜTTE UND NATUR IM EINKLANG

Die 1873 von Ingenieur Julius Buch gegründete „Völklinger Hütte" wurde erst 1881 mit der Übernahme durch die Industriellenfamilie Röchling bekannt und erfolgreich. Sie entwickelte sich zu einem der bedeutsamsten Eisen- und Stahlwerke Europas und zählte in den Zwanzigerjahren weltweit zu den modernsten Hüttenwerken. In Spitzenzeiten bot das Unternehmen über 17 000 Menschen Arbeit. Die weltweite Stahlkrise zog an dem Werk nicht vorbei, 1986 wurde der letzte Hochofen geschlossen.

Als Arbeitgeber und durch die Initiierung zahlreicher sozialer Einrichtungen hatte „die Hidd" nachhaltig großen Einfluss auf die Stadt. Die Hochofenanlage und die Gasgebläsehalle stehen unter Denkmalschutz und wurden 1994 zum Weltkulturerbe erklärt. Die UNESCO beurteilt die „Völklinger Hütte" als ein einzigartiges Zeugnis der Industriekultur und der Technikgeschichte des 19. und frühen 20. Jahrhunderts.

Ein Besichtigungsweg von fünf Kilometern führt durch das Gelände. Dabei können die Sinteranlage, die Kokerei, die Gichtbühne und der Hochofenabstich betrachtet werden. Über das Kohlegleis mit einer 20 Meter langen Wendelrutsche und den Steg gelangt

Völklinger Hütte

Völklinger Hütte

WELTKULTURERBE VÖLKLINGER HÜTTE UND NATUR IM EINKLANG

Schmiede- und Schlossermuseum, Schwalbach

man in die Gebläsehalle. Sie gehört zu den Höhepunkten jeder Führung, denn riesige Schwungräder aus Eisen und Stahl können begutachtet werden. Sie erzeugten den Wind, der in die Hochöfen geblasen wurde. Seit 2007 ist die Gichtbühne in ihrer kompletten Länge von über 200 Metern begehbar. Die damalige großtechnische Roheisenerzeugung lässt sich gut nachverfolgen ebenso wie die aufwendige Arbeit der Mitarbeiter. Auch über den Alltag der Hüttenarbeiter erfährt man bei den zwei- bis dreistündigen Führungen viel Interessantes. Mit Multimedia-Informationen und Programmen für Kinder ist dieses Industriedenkmal ein Anziehungspunkt für die ganze Familie. Vor allem technisch Interessierte werden sich wohlfühlen. Möchte man erleben, wie die Uhren andernorts ticken, ist ein Abstecher ins nahe Püttlingen interessant. Im Ortsteil Köllerbach steht das Saarländer Uhrenmuseum, im Volksmund „Uhrmachers Haus" genannt. Wertvolle Exponate zeigen die Entwicklung der Zeitmessung, die Herstellung und die wachsende Bedeutung der tickenden Objekte. Das Spektrum reicht von Sonnen- über Turm- und Präzisionsuhren bis zu Armbanduhren und Schiffschronometern. Das Juwel des Museums ist eine komplett mit altem Handwerkszeug eingerichtete Uhrmacherwerkstatt.

Nach so vielen Informationen möchte man vielleicht wieder frische Luft tanken und die erholsame Landschaft genießen. In den Naherholungsgebieten mit Schutzhütten und Kneippanlagen, die in den Gemeindebezirken Schwalbach, Elm und Hülzweiler liegen, kann man wandern oder radeln und findet viele idyllische Ecken. Wiesen, Wälder und Bäche säumen die Wege und so manches leckere Gericht wartet in den Restaurants auf die hungrigen Besucher, die vom „Dibbelabbes" bis zum Edelfisch viele Variationen finden. In Heusweiler-Obersalbach liegt das Wildfreigehege Kallenborn mit Hirschen, Rehen, Zwergziegen, Pfauen und Fasanen sowie einem herrlichen Waldspielplatz. Eine Freude für Kinder und Erwachsene ist auch das Esel-Trekking, welches am „Hotel Mühlenthal" in Schwalbach beginnt. Neben viel Grün bietet dieser Ort ein imponierendes Schmiede- und Schlossermuseum. Im alten Kompressorenhaus der ehemaligen Griesborner Grubenanlage ist es neben dem Flachsmuseum eingerichtet. Historische Maschinen und Werkzeuge aus mehreren Jahrhunderten wurden hier zusammengetragen. Sie erinnern an die oft schwierigen Tätigkeiten der Bergleute und Handwerker. Es gibt also viel zu Sehen und zu Besuchen, das Saarland ist eben immer eine Reise wert!

73

GASTHAUS RECH

Das beschauliche Habach, geometrischer Mittelpunkt des Saarlandes, liegt zwischen Wiesen und Wäldern. Die ursprüngliche Natur, auch entlang des Wasserlaufes der Ill, der gerade renaturiert wird, ist reizvoll und wer möchte, kann sich im Zentrum von Eppelborn vergnügen. Ausgezeichnet speisen lässt sich im „Gasthaus Rech", das Tradition und junge Ideen miteinander verbindet. In familiärem Stil wird hier seit 1860, jetzt in der fünften Generation, die Gastlichkeit gepflegt. Aus dem einstigen Bauernhof und einer kleinen Schänke entwickelte sich das wohnlich-elegante Restaurant, in dem Bodenständiges genauso seinen Platz findet wie gehobene Köstlichkeiten. Bernd Rech und seine Frau Carola führen heute die Regie, unterstützt von seinen Eltern.

Mit ihrer Übernahme wurde das Speiseangebot verändert und die Räumlichkeiten. Das Haus wurde komplett renoviert und ein wunderschöner Wintergarten kam hinzu. Die Terrasse im Innenhof ist auch bei Familien sehr beliebt, weil die Kinder im Garten spielen können. Küchenmeister Bernd Rech war sieben Jahre in der Sternegastronomie tätig, unter anderem im Hotel Bareis, Baiersbronn, und bei Dieter Müller. In seinen Heimatort Habach kehrte er 2001 zurück. Die Wanderjahre prägten seine Kochkunst und so bereitet er weiterhin gern Exzellentes aus der gehobenen Küche zu, verliert dabei aber nie die Bodenhaftung. Für die freundlich natürliche Atmosphäre im Service zeichnet seine Frau Carola verantwortlich. Als Restau-

Gasthaus Rech

Zum Steinhaus 4
66571 Eppelborn-Habach

Telefon 0 68 81 / 67 08
Telefax 0 68 81 / 8 96 05 69

EPPELBORN-HABACH

rantfachfrau war sie ebenfalls in bekannten Häusern wie dem Schlosshotel Lerbach tätig, und mag hier den engen Kontakt zu den Gästen.

Die Kombination aus einem rustikalen Gastraum mit Theke, an der das heimische Grosswaldbier gezapft wird – die Privatbrauerei ist nur wenige Kilometer entfernt –, und elegantem Restaurant ist ausgesprochen gelungen. Hier fühlt sich der Stammtisch ebenso wohl wie Wanderer oder Liebhaber erlesener Kochkunst. Werktags gibt es stets ein Mittagsangebot und zu jeder Saison spezielle Themen. Vom Schlachtfest über das Grillfest mit Blasmusik bis zur Gänsesaison warten immer wieder überraschende Kreationen auf die Feinschmecker.

Der Speckpfannkuchen oder das Rumpsteak mit Zwiebeln werden mit der gleichen Sorgfalt zubereitet wie das Mille feuille vom Seeteufel oder Ziegenkäsestrudel mit Feigenkompott. Menüs sind nicht nur für größere Feiern im angrenzenden Festsaal möglich. Besonders interessant ist Rechs 7- bis 8-Gang-Überraschungsmenü, das saisonabhängig entwickelt wird. Möchte man anschließend einen Spaziergang machen, lohnt der Besuch des Bauernhauses Habach, in dem das Leben auf dem Lande Anfang des 20. Jahrhunderts aufersteht.

Mille feuille vom Seeteufel

Zutaten
1 Seeteufel, ca. 1,5–2 kg
3 festkochende Kartoffeln
1 Ei
je 1 gelbe, rote, grüne Paprika
1 Zucchini
1 Aubergine
3 Knoblauchzehen
je 1 Thymian- und Rosmarinzweig
Olivenöl
2 Scheiben Toastbrot
etwas frische Petersilie und Basilikum
Muskat
Zucker
Salz, Pfeffer

Zubereitung
Die Paprika, Zucchini und Auberginen in kleine Würfel schneiden, kalt stellen. Die geschälten Kartoffeln fein reiben. Ei und etwas Mehl hinzugeben, Salz, Pfeffer, Muskat untermengen und kühl stellen.

Toastbrot, Petersilie und Basilikum in der Mulinette zu Kräuter-Mie-de-Pain mixen. Gewürfeltes Gemüse in Olivenöl anbraten und mit Knoblauch, Thymian, Rosmarin, Salz, Pfeffer und Zucker würzen, zusammen bei schwacher Hitze gar schmoren lassen. Kartoffelmasse in kleine Puffer formen und in heißem Fett auf jeder Seite goldgelb braten.

Den Seeteufel filetieren und kalt stellen, anschließend in 1 Zentimeter dicke Scheiben schneiden, diese würzen und mehlieren. In Olivenöl auf jeder Seite ca. 30 Sekunden anbraten. Mit Kräuter-Mie-de-Pain bestreuen und bei 200 °C im Backofen 6 Minuten garen. Fisch, Kartoffelpuffer und Gemüse auf einem Teller anrichten.

PARTY SERVICE KURT HAAS

Party Service Kurt Haas

Dorfstraße 26
66265 Heusweiler-Obersalbach

Telefon 0 68 06 / 7 88 44
Telefax 0 68 06 / 7 88 40

www.partyservice-haas.de

Ein wunderschönes Fest, mit ausgeruhten Gastgebern, gutgelaunten Gästen und einem perfekten Service, wer wünscht sich das nicht? Doch vor der Feier stehen so viele organisatorische Fragen an, dass die Vorfreude fast verschwindet. Eine hervorragende Alternative ist der „Party Service Kurt Haas". Das Profi-Team übernimmt die Teil- oder Komplettplanung für Veranstaltungen von zehn bis 3 000 Personen und garantiert so eine entspannte Vorbereitung und ein genussreiches Fest.

Die ersten Lorbeeren heimste Kurt Haas 1983 ein, als er jüngster saarländischer Küchenmeister wurde. Gleichzeitig als Koch und Diätkoch ausgebildet, war er in renommierten Häusern, inklusive einer Rehaklinik, tätig. Noch mehr reizte ihn aber die Herausforderung, die Kochkunst in immer wieder neuen Variationen für ein wechselndes Publikum zu verfeinern. In den eigenen vier Wänden startete er 1989, gemeinsam mit seiner Frau Melitta – zuständig für den kaufmännischen Part –, den eigenen Partyservice. Und dieser verbuchte bereits im ersten Jahr einen Riesenerfolg. Im Auftrag des damaligen Landtagspräsidenten Albrecht Herold richtete Haas eine Feier für 1 500 Gäste aus, die so erfolgreich war, dass quer durchs Land Anfragen kamen.

Inzwischen ist aus dem Mini-Betrieb ein hoch angesehener Partyservice geworden, der im modernen Geschäftshaus mit professioneller Belegschaft arbeitet.

Durchschnittlich 16 Mitarbeiter und drei Auszubildende werkeln hier in Windeseile

HEUSWEILER-OBERSALBACH

und gern mischt sich Sohnemann Christian darunter. Er ist schon fast so flink wie Kurt Haas und meint: „Das wird mein Beruf." Tochter Nicole hat diese Ambitionen nicht, aber springt gern einmal mit ein.
Zwischen den blitzblanken Schränken und ausgefeilter Technik ist das handwerkliche Geschick jedes Einzelnen wichtig. Das Fachwissen und die lange Erfahrung lassen jede Veranstaltung gelingen. Flexibilität und vor allem gleichbleibend gute Qualität sind für Familie Haas ein wichtiger Leitfaden. Oder wie Kurt Haas es ausdrückt: „Gibt's nicht gibt's nicht." Ob exquisite Mehrgang-Menüs gewünscht werden oder rustikale Speisen, er macht alles möglich. Kalte, warme, kaltwarme Gerichte oder Fingerfood und Spezialbüfetts sind für das kreative Team kein Problem. Die Zutaten kommen überwiegend aus der Region und Frische ist das oberste Gebot, wie der Vollblutkoch verrät.
Sollen es regionale Spezialitäten sein, empfiehlt er beispielsweise Lyonerkuchen, Gefüllten Schweinebauch und Merziger Viezcreme. Oder wie wäre es mit Wildpastete Hubertus und geschmortem Kalbshaxenfleisch nach Großmütterchen Art? Vielleicht ist auch die internationale Küche gefragt, wie Lottefilet im Crêpesmantel oder Hummer- und Fenchel-Grappa-Soße mit Wildreis. Italienisch, spanisch, ungarisch, die Auswahl überzeugt und seine Köstlichkeiten schmecken ohne Frage auch sehr verwöhnte Gaumen.
Je nach Wunsch kann zur Familien- oder Firmenfeier sowie einer Großveranstaltung das kulinarische „Festmahl" bestellt werden oder das komplette Ambiente, inklusive Unterhaltungsprogramm. Der „Party Service Haas" beliefert Kunden im Saarland, Rheinland-Pfalz, dem benachbarten Frankreich sowie Luxemburg. Und selbst Kanzlerin Angela Merkel nahm 2006 die Haas-Dienste für 6 000 Gäste in Berlin in Anspruch.
Da bleibt kaum noch Zeit für andere Aktivitäten und die Familie, ohne die die große Flexibilität kaum möglich wäre. Aber Kurt Haas nimmt sie sich, denn das Miteinander darf nicht zu kurz kommen, wie er betont. So kennt man ihn seit 2001 als Präsident der Köche des Saarlands und als engagierten Mann für soziale Zwecke. Gemeinsam mit Kollegen spendete er 2006 rund 100 000 Euro für die Kinder- und Jugendarbeit. So decken die Berufsköche vorbildlich den Tisch für Menschen, die ein Stück vom Kuchen verdient haben.

BISTRO IM BAHNHOF

Bistro im Bahnhof

Bahnhofstraße 74
66343 Püttlingen

Telefon 0 68 98 / 6 36 37

www.bahnhof-puettlingen.de
www.kulturforum-koellertal.de

Die Weichen der ehemals königlich-preußischen Bahnstation Püttlingen wurden 1989 neu gestellt. Das historische Gebäude verwandelte sich in einen Kulturbahnhof und ist inzwischen auch als ungewöhnliche Feinschmeckeradresse bekannt. Das imposante Gebäude von 1910 und die schöne Außenanlage werden für Ausstellungen und Feiern genutzt. Bildende Künstler und Maler geben sich hier regelmäßig ein Stelldichein und im „Bistro im Bahnhof" herrscht lukullische Kreativität.

Kunst- und Industriekulturerhaltung beflügelten einige Engagierte, die den Verein „Kulturforum Köllertal" gründeten und somit den Grundstein für das jetzt attraktive Bahnhofsensemble legten. Das 2007 optisch und vom Angebot her völlig umgestaltete „Bistro im Bahnhof" ist zu einem wunderbaren „Reiseziel" geworden. Die beiden erfahrenen Gastronomen Frank Hens und Jörg Stuhlsatz brachten frischen Wind und attraktive Speisen in die Station. Oxydrote Wände im früheren Eingangsbereich mit Stellwerk, eine schöne Theke und gemütliche Tische vermitteln Wärme. In dem leuchtend gelb-orangefarbenen Restaurant ist nichts mehr vom Wartesaalcharakter spürbar. Integriert in die Galerieräume sind wechselnde Ausstellungen vorwiegend regionaler Künstler. Dieses Konzept weckt das Interesse auch bei Menschen, die bisher wenig Sinn für Kunst hatten. Die gediegene Atmosphäre und die ungezwungene Art beider Pächter sowie des ganzen Teams gefällt jungen wie älteren „Bahnhofsgästen" und die große Speiseauswahl ist der ersten Klasse ebenbürtig. Von gutbürgerlichen bis zu gehobenen Gerichten wird hier alles ideenreich auf den Tisch gebracht. Deutsche und mediterrane Kreationen sowie

PÜTTLINGEN

asiatische Einflüsse sind erkennbar. Feine Suppen, knackige Salate, Pasta-Varianten und regionale Spezialitäten wie „Dibbelabbes" sind im reproduzierten Fahrplan verzeichnet. Das werktägliche Stammessen ist sehr beliebt und günstig. Im Restaurant kann der „Fahrgast" aber auch Rumpsteaks mit Pfefferkruste, Papageienfisch mit Fenchel oder Seeteufel und wundervolle Lammbraten oder köstliche Desserts konsumieren. Reichhaltig ist das Weinangebot, das rund 150 Positionen umfasst und überwiegend aus Biobetrieben kommt. Biertrinker können zwischen drei frisch gezapften Sorten sowie Flaschen wählen.

Aus der Dienstwohnung des Bahnhofsvorstehers wurden drei helle Tagungsräume im Obergeschoss, die von der Volkshochschule und dem Kulturforum genutzt werden, aber auch anderen Vereinen oder Organisationen offenstehen. Eine besondere Faszination übt die Stückguthalle aus, in der Waren und Fracht gelagert wurden. Nach der Restaurierung sind die gut erhaltene Fachwerkkonstruktion und die ausdrucksstarken Wände eine wunderbare Umrahmung für Ausstellungen und Feiern.

Die Musik- und Kleinkunstreihe „Winterfahrplan", organisiert vom Kulturforum Köllertal, lockt hier mit Konzerten, Lesungen und Kabarett. Bankette, Hochzeiten oder Veranstaltungen, wie zum Beispiel Tanzkurse, bieten sich in diesem eigenwilligen Ambiente ebenfalls an.

Hinter dem Stationsgebäude erstreckt sich die riesige „Terrasse" mit renovierten Bahnsteigen, Güterwaggons und Unterführungspavillons, die als Biergarten und für Events wie den „Sommerfahrplan" genutzt wird. Dieser ist eine beliebte sommerliche Open-Air-Reihe, die Musikbereiche wie Rock, Pop, Blues, Folk und Country mit Interpreten aus dem In- und Ausland umfasst. Hier kann Musikalisches pur genossen werden oder man lässt sich zusätzlich mit Speisen und Getränken verwöhnen. Die Reihe „Theater für Kids", die der Verein gemeinsam mit der Stadtverwaltung auf dem Bahnhof veranstaltet, steht auch bei anderen Gästen hoch im Kurs. Kultur für Geist und Magen – ein guter Gedanke!

PARKHOTEL ALBRECHT

Parkhotel Albrecht
Gegenbach GmbH

Kühlweinstraße 70
66333 Völklingen

Telefon 0 68 98 / 91 47 00
Telefax 0 68 98 / 2 36 55

www.parkhotel-albrecht.de

Der Dichterfürst hätte sicher seine Freude am Schillerpark mit seinem alten Baumbestand gehabt. Kräftige Eichen, mächtige Kastanien und Buchen sowie kleine Teiche bilden hier ein romantisches Eckchen über den Dächern Völklingens. Das „Parkhotel Albrecht", lange im Dämmerschlaf, ist durch seine Neugestaltung zu einer Attraktion geworden, die sich herrlich in die rund 7 000 Quadratmeter Grünfläche einfügt. Genießer guter Küche und ruhigen Übernachtens sind hier bestens aufgehoben.

Die alten Gemäuer wurden mit viel Glas und Edelstahloptik verbunden und geben dem Haus seinen eigenwilligen Charme. Lichtdurchflutete Räume und minimalistisches Interieur kontrastieren zu plätschernden Springbrunnen und moderner Kunst, die dem Ambiente Sinnlichkeit verleihen. Zwei großzügige Terrassen verbinden das Haus mit dem Park und die behindertengerechte Gesamtanlage ermöglicht jedem Besucher einen leichten Zugang. Die jetzigen Inhaber, Silke und Markus Albrecht, pflegen einen sehr persönlichen Stil und bieten dem Gourmet ebenso Vortreffliches wie dem Gast, der auf einen Kaffeeplausch vorbeikommt.
Mit hoher Kreativität verwöhnt ein zehnköpfiges Küchenteam im „Parkhotel Albrecht"

VÖLKLINGEN

seine Gäste. Im bewusst intim gehaltenen Gourmetrestaurant mit rund 30 Plätzen zelebriert Gunnar Hoffmann die hohe Kochkunst. Inspiriert durch seine Erfahrungen in den besten Häusern Europas, begeistert er jeden Feinschmecker. Vor allem mediterrane Spezialitäten werden in der herrlichen Orangerie und dem angrenzenden, ganzjährig beliebten Wintergarten geboten.

Internationale und regionale Speisen werden kreativ veredelt und zu moderaten Preisen angeboten. Spitzenweine aus aller Welt vervollkommnen das Genusserlebnis.

Neben der Standard- und Gourmetkarte lockt auch ein 4-gängiges Wochenmenü sowie jeden Mittwoch ein Überraschungsmenü mit begleitenden Weinen oder für Frühaufsteher ab sieben Uhr ein großes Frühstücksbüfett. Sonntags kann man sich mit drei Gängen verwöhnen lassen.

Nicht nur für Hotelgäste klingt der Tag mit erlesenen Weinen oder Cocktails in der Lounge oder Vinothek gesellig aus. In dem begehbaren Weinkeller lagern etliche Raritäten und die angenehme Atmosphäre eignet sich gut für Verkostungen, die auch mit Kanapees oder Ähnlichem möglich sind. Liebevoll gestaltet ist jede Räumlichkeit im „Parkhotel Albrecht" und das neue Konzept, welches höchste Ansprüche genauso erfüllt wie kulinarische Kleinigkeiten bietet, hat sich weit über die Region hinaus herumgesprochen.

Aufgrund seiner Nähe zum Stadtzentrum und dennoch wohltuender Ruhe ist es für Urlauber und Tagungsgäste gleichermaßen geeignet. Die zehn Hotelzimmer, nach Städten benannt, zwei Suiten und ein Hochzeitszimmer verfügen über modernsten Komfort und sind individuell eingerichtet. W-Lan-Verbindungen, auch in den Zimmern, und aktuelle Tagungstechnik verstehen sich von selbst.

Wundervoll kann man hier Familienfeiern begehen, denn die breit gefächerte Speisekarte und das besondere Flair bleiben in guter Erinnerung. Die nahe Spaziermöglichkeit ist eine schöne Abwechslung im kulinarischen Festablauf und bietet den Gastgebern eine kleine Rückzugsmöglichkeit. Es gibt viele Anlässe, dieses attraktive Haus zu besuchen, vielleicht kommt man gern einmal zu den regelmäßigen Vernissagen und lernt die Künstler persönlich kennen. Eine andere Möglichkeit ist, Kulinarisches mit gutem Hörgenuss zu verbinden. Von Mai bis September finden Darbietungen in der Konzertmuschel statt, von Klassik-Open-Air über Jazz-Brunch bis zu italienischen und spanischen Nächten. Kultur und Culinaria – ein Rezept, das es in sich hat ...

HOTEL MÜHLENTHAL

SCHWALBACH-ELM

Eine idyllische Weiheranlage umgibt das familiäre „Hotel Mühlenthal" und das gleichnamige Restaurant. Entspannende Urlaubstage oder ein geschäftlicher Aufenthalt bieten sich in diesem komfortablen 3-Sterne-Hotel gleichermaßen an. Die ruhige und dennoch zentrale Lage ist einfach ideal. Wie man Gäste am besten verwöhnt, ist bei Familie Haas schon seit drei Generationen bekannt.

Hotelier Michael Haas sowie seine Schwestern, Restaurantchefin Waltraud Waindinger und Annemarie Schorr mit ihrer „Mühlenthal-Floristik", überraschen die Gäste immer wieder mit ihren wunderbaren Ideen und bester Qualität.

Das Mühlrad plätschert und das saftige Grün reicht bis an den schönen Naherholungspark. Während der Blick über die ländliche Umgebung schweift, kann die Erholung beginnen. Die geschmackvoll eingerichteten Zimmer im „Hotel Mühlenthal" bieten Platz für 45 Gäste und sind auch mit W-Lan Verbindungen ausgestattet.

Die beliebtesten Zimmer liegen zum Garten und die großzügigen Wintergarten- und Terrassenappartements sind einfach herrlich. Für weiteres Wohlgefühl sorgt die hauseigene Sauna. Uschi und Michael Haas sind persönlich für ihre Gäste da und geben gern Tipps für Unternehmungen. Herrliche Rad- und Wanderwege sind leicht erreichbar und Fahrräder können im Haus ausgeliehen werden. Interessant sind die Kutschfahrten à la Haas mit dem ungarischen Jagdwagen oder der Wagonette. Ein Riesenvergnügen ist das Eseltrekking, welches nicht nur Kinder begeistert.

So angenehm, wie das Wohnen im „Hotel Mühlenthal" ist, so hervorragend ist die

**Hotel Mühlenthal GmbH &
Restaurant Mühlenthal**

Bachtalstraße 214 / 216
66773 Schwalbach-Elm

Hotel
Telefon 0 68 34 / 9 55 90

Restaurant
Telefon 0 68 34 / 5 21 17
Telefax 0 68 34 / 56 85 11

www.hotel-muehlenthal.de

SCHWALBACH-ELM

RESTAURANT MÜHLENTHAL

Rumpsteak mit gerösteter Cashewkernkruste auf Dijon-Senfsoße

Zutaten

4 Rumpsteaks à 250 g
2 EL Öl
4 EL Dijon-Senf
200 ml Weißwein
3 EL Crème fraîche
4 Schalotten, fein gewürfelt
100 g Cashewkerne, gesalzen
10 g getrocknete Wasabi-Bohnen
Salz, Pfeffer

Küche im familienfreundlichen „Restaurant Mühlenthal". In dem historischen Gebäude setzt Waltraud Waindinger die Familientradition fort. Ihre ruhige Art als Gastgeberin und die fantasievollen Zubereitungen sind eine wunderbare Mischung. Die versierte Köchin zaubert fangfrische Forellen aus dem eigenen Weiher genauso wohlschmeckend auf den Tisch wie saisonale und internationale Gerichte.

Die regionalen Spezialitäten wie Saarländischer Schwenkbraten werden auf dem Buchenholzgrill zubereitet, der ein wundervolles Aroma und eine tolle Atmosphäre liefert. Waltraud Waindinger bereitet alles frisch zu und verwendet vorwiegend heimische Produkte. In der gut sortierten Weinkarte finden sich vor allem französische Weine und saarländische Tropfen. Die bestens mundenden Bierspezialitäten kommen aus der nahe gelegenen Grosswald-Brauerei.

In dem freundlichen, stilvollen Ambiente des „Restaurants Mühlenthal" stellt sich das Wohlfühlen von selbst ein und im herrlichen Biergarten vergehen die Stunden wie im Flug. Möchte man noch eine Erinnerung mitnehmen, lohnt ein Blick in den Mühlenthal-Pavillon. Annemarie Schorr bietet hier hauseigene Edelbrände, Geiste und Liköre in Designerflaschen an. Frische Blumensträuße zu jedem Anlass und florale Geschenkartikel für Haus und Garten runden das Sortiment ab.

Zubereitung

Schalotten glasig anschwitzen, mit Weißwein ablöschen. Crème fraîche und Senf unterheben, nicht mehr kochen, würzen. Die Kerne und Bohnen grob hacken. Die Steaks auf beiden Seiten vier Minuten anbraten, mit etwas Senfsoße bestreichen. Nun die gehackten Cashewkerne und Bohnen daraufstreuen. Im Ofen goldbraun überbacken. Dazu schmecken frische Salate und Bratkartoffeln.

HISTORISCHES FLAIR IN SAARLOUIS UND ERHOLUNG IM NIEDTAL

Siersburg

Von Ludwig XIV. gegründet und seinem Baumeister Vauban verwirklicht, ist Saarlouis noch immer eine beeindruckende Stadt, die ihre historischen Zeugnisse achtet und bewahrt. In der Altstadt sind noch etliche um die Jahrhundertwende gebaute Bürgerhäuser zu bewundern, die sorgfältig restauriert wurden. In vielen kleinen Sträßchen entdeckt man, wie zum Beispiel im Postgässchen, historische Gebäude neben moderner Architektur, die sich jedoch gut miteinander verbinden. Etliche Szenelokale, mit deutsch-französischem Flair, laden die Altstadtbesucher, darunter sehr viele junge Gäste, zum Verweilen ein.

Die Kasematten, von den Preußen als Verteidigungsanlagen erbaut und von oben begrünt, dienten Soldaten und Pferden als Unterschlupf sowie in Friedenszeiten als Lager für Proviant und Waffen. Heute hat sich dort eine bunte Gastronomieszene niedergelassen, die auch als längste Theke des Saarlands bezeichnet wird. Entlang des Saaraltarms, unweit des Zentrums, liegt der reizvolle Stadtgarten. Die ehemalige Festungsstadt ist charmant und quirlig, sodass man gern wiederkommt.

Frankreich und Luxemburg sind nicht weit von Saarlouis entfernt und so sieht man hier oft Besucher aus den Nachbarländern, die auf die saarländische Küche schwören. Die regelmäßigen Besuche von nah und fern mögen auch mit dem ruhigen wie ursprünglichen Niedtal zusammenhängen, das in unmittelbarer Nähe ist. Die Nied schlängelt sich, von Frankreich kommend, in ihrem naturbelassenen Bett bis zum Übergang in die Saar. Alte Bäume und Büsche säumen den Flusslauf und ein beliebtes Ausflugsziel ist die Niedschleife bei Niedaltdorf, die durch ihre reichhaltige Pflanzenwelt ein wenig an ein Dschungelgebiet erinnert. Ein herrlicher Radweg führt an ihr entlang und am Wegesrand liegen mehrere, teils bewirtschaftete, Mühlen. Auch die hiesige Tropfsteinhöhle ist einen Abstecher wert.

Wanderer steigen gern zur oberhalb von Rehlingen-Siersburg gelegenen Siersburg auf. Vom Turm inmitten der malerischen Ruine hat man einen schönen Ausblick und im Sommer gibt es neben den Burgfestspielen verschiedene Open-Air-Veranstaltungen – ein weiterer Grund, die Anhöhe zu erklimmen.

Altstadt, Saarlouis

Rathaus Saarwellingen

AKZENT HOTEL POSTHOF

Akzent Hotel Posthof

Postgässchen 5–7
66740 Saarlouis

Telefon 0 68 31 / 9 49 60
Telefax 0 68 31 / 9 49 61 11

www.posthof-saarlouis.de

Ludwig XIV. ließ 1680 Saarlouis als Wasserfestung erbauen. Baumeister Vauban setzte sich und dem Sonnenkönig damit ein herrliches Denkmal. Der alte Glanz ist heute noch spürbar in der heimlichen Hauptstadt des Saarlandes. In der Altstadt, auf dem historischen Boden nahe der ehemaligen französischen Kommandantur liegt das charmante „Akzent Hotel Posthof". Die wohltuende Ruhe macht das 3-Sterne-Hotel mit seinem interessanten Restaurant zu einem beliebten „Stadthaus" für Privatgäste wie Geschäftsreisende.

Die schmalen Gassen mit dekorativen Altbauten haben noch immer ein gewisses französisches Flair, in das sich das „Akzent Hotel Posthof" gut einfügt. Der familiäre Stil und das stilvolle Ambiente zeichnen das von Marita und Karl Mikno geführte Haus besonders aus. Architektonisch geschickt verbunden wurden das alte Fachwerk und die neue Gestaltung. Das 2007/2008 umfassend renovierte Gebäude verfügt über hohen Komfort. Die 47 Zimmer sind gemütlich und modern eingerichtet, einige verfügen über extralange Betten (2,20 Meter), eines über einen Whirlpool. Der Saunabereich hat durch das historische Fachwerk eine angenehm wohnliche Atmosphäre.

Für Langschläfer hat man hier eine besondere Variante, das reichhaltige Frühstücksbüfett ist bis 12 Uhr geöffnet! Im eleganten

SAARLOUIS

Restaurant Posthof kann man sich zu späterer Stunde verwöhnen lassen mit regionaler und französischer Küche sowie internationalen Spezialitäten. Der langjährige kreative Chefkoch Hubert Meyer bereitet die echt saarländischen Grumbeerspatzen (eine Art Kartoffelklöße) mit Lauchrahmsoße oder frischen Pfifferlingen genauso raffiniert zu wie Edelfisch oder leckere Fleischgerichte.

Beliebt sind auch seine Feinschmeckermenüs oder -büfetts. Alles wird frisch zubereitet und mundet, zusammen mit einem guten Wein, stets wunderbar.

Regelmäßig jeden Donnerstag wird ein kaltwarmes Büfett mit regionalen wie internationalen Köstlichkeiten serviert. Das sonntägliche Lunchbüfett ist auch bei Familien heiß begehrt. Speziell für Feiern und Tagungen wurde der Saal „Vauban" neu eingerichtet. Die original Fachwerkwände und das gemütliche Interieur sind geschmackvoll aufeinander abgestimmt. Modernste Konferenztechnik und professionelle Beschallung sind vorhanden.

Durch seine Vielseitigkeit und den freundlich familiären Stil fühlt man sich im „Akzent Hotel Posthof" nach einem anstrengenden Meeting genauso wohl wie nach einer Ausflugstour. Ein Bummel durch die Stadt ist selbst bei einem kurzen Aufenthalt lohnenswert. Die Kasematten aus der Gründerzeit, die mächtigen Bastionen und die Fußgängerzone, umgeben von viel Grün, sind vom Hotel aus bequem erreichbar. In der Altstadt gibt es zudem viele Szene-Cafés und Bistros, die auch bei den jungen Leuten äußerst beliebt sind. Saarlouis – c'est la vie – oder was meinen Sie?

Pochierter Atlantik-Lachs
(Für 8 Personen)

Für den Sud
ca. 200 g Atlantik-Lachs pro Person
1 l Weißwein
40 ml Weinessig
2 Zwiebeln
8 Gewürznelken
3 Karotten
2 Lorbeerblätter
1 EL Pfefferkörner
1 TL Salz
Petersilienstengel
pochierte Garnelen
Brunnenkresse zum Garnieren

Dillmayonnaise
1 Ei
1 Eigelb
1 EL Zitronensaft
1 TL Weißwein
300 ml Olivenöl
frischer Dill
Salz, Pfeffer

Alle Zutaten, außer die Petersilie, für den Sud zusammen mit 2 Liter Wasser aufkochen und 30 Minuten kochen lassen.

Den Lachs in eine Kasserolle geben, durch ein Sieb mit dem Sud bedecken und 15 Minuten pochieren, nicht kochen. Den Fisch im Sud abkühlen lassen.

Den kalten Lachs auf eine Platte legen und die Haut abziehen. Mit der Petersilie, den Garnelen, Brunnenkresse und Zitrone garnieren.

Alle Zutaten für die Mayonnaise, ohne den Dill, in die Küchenmaschine geben und verrühren. Nach und nach Öl zugeben, damit eine cremige Masse entsteht. Den fein gehackten Dill zum Schluss unterziehen.

D'ANGELO PASTA

D'Angelo Pasta GmbH

Werner-von-Siemens-Straße 39
66793 Saarwellingen

Telefon 0 68 38 / 9 86 10
Telefax 0 68 38 / 98 61 20

www.dangelo.de

Visionen und Mut beflügelten Giovanni D'Angelo und seine Mutter Luigia, als sie 1983 ihre Pastaproduktion im Kleinstformat begannen. Mit einer selbst konstruierten Maschine, angetrieben durch einen Scheibenwischermotor, begann ihre Fertigung gesunder und schmackhafter Nudeln italienischer Machart. Heute gehört das Unternehmen „D'Angelo Pasta" zu den Premiumherstellern der Biobranche und beliefert neben Deutschland weltweit mehrere Länder mit 14 verschiedenen Spezialitäten.

Im 2002 eröffneten Saarwellinger Betriebsgebäude sorgen neben besten Zutaten modernste Maschinen für höchste Sorgfalt und gleichbleibend hohe Qualität. Wichtige Segmente der Fertigungsstraßen und Verpackungstechnik wurden vom Firmengründer gemeinsam mit der Familie entwickelt. Dem Zufall überlässt auch der heutige Geschäftsführer, sein Bruder Carmelo D'Angelo, nichts, getreu dem Motto „Pasta bio, amore mio". Und dies ist kein leeres Versprechen, sondern verdeutlicht, dass der Kunde sich auf qualitätsgeprüfte Delikatessen verlassen kann.

Dies beginnt bereits beim Rohstoffeinkauf. Ausschließlich Zutaten aus kontrolliert biologischem Anbau finden Verwendung. Nur hochwertigster Hartweizengrieß, ohne Zusatz

SAARWELLINGEN

von Eiern, ist die Basis des cholesterinarmen Nudelteigs. Eine Besonderheit ist die Kaltwalzung, die die Nährstoffe weitestgehend erhält. Die vegetarischen und teilweise veganen Füllungen entstehen aus frischem Gemüse und Kräutern, die ihren intensiven Geschmack durch schonendste Verarbeitung behalten. Dies macht chemische Zusätze überflüssig.

Beliebt sind neben den frischen Produkten, die etwa vier Monate haltbar sind, die semifrischen mit bis zu zwölf Monaten Lagerfähigkeit, ohne Kühlung, da beide durch ihren intensiven Geschmack bestechen. Die maximale Naturbelassenheit, gleichzeitig der kulinarische Hochgenuss, sprechen bei allen Sorten für sich und sind durch regelmäßige Bio-Zertifizierungen belegt.

„Altes Wissen zu schätzen und zu pflegen ist unser Weg, eine gesunde Zukunft zu gestalten", betont Carmelo D'Angelo, der gleichzeitig, gemeinsam mit seinen Mitarbeitern, immer wieder innovative neue Wege beschreitet. Auch in der Produktion sieht man, dass technischer Fortschritt und Handarbeit (vor allem bei der Qualitätskontrolle) sich überhaupt nicht ausschließen müssen. Fasziniert betrachtet man, wie die großen Nudelplatten über das Band laufen und anschließend kleine Plättchen daraus gestanzt werden. Aus diesen faltet die Maschine interessante Formen, wie Cappelletti, Fagottini, Tortellini oder die kleineren Tortelli, welche mit Füllungen wie Bärlauch, Gorgonzola, Kürbis-Käse oder Pilzen gefüllt werden. Lecker sind auch die dekorativen Strozzapreti in drei verschiedenen Farben. Der samtige Teig und die saftige Füllung sind „D'Angelo Pastas" Markenzeichen und sorgen für perfekte Soßenhaftung sowie eine hohe Ergiebigkeit. Der wunderbare Geruch nach Kräutern und Gemüse weckt beim „Schnuppern" in der Produktion schnell den Appetit und spätestens dann, wenn die fertigen Nudeln zur Verpackung geleitet werden, möchte man am liebsten ungeniert zugreifen.

Das kann man auch gleich im angrenzenden Werksverkauf, der werktags geöffnet ist und jedem Interessenten offensteht. Die wunderbaren Bio-Nudeln von „D'Angelo Pasta" sind zudem in Neuform-Reformhäusern, führenden Naturkostläden und im Lebensmitteleinzelhandel erhältlich. Die verbraucherfreundlichen 250- bis 300-g-SB-Verpackungen sind auch für Kleinhaushalte gut geeignet. Gastronomen und andere Betriebe erhalten „ihre" Pasta auf Wunsch in speziellen Packungsgrößen und mit persönlichem Geschäftsaufdruck.

Die „Nudelmacher" überzeugen durch exzellente Qualität und Flexibilität jeden Feinschmecker, sodass er dem Slogan „Pasta bio, amore mio" sicher gern zustimmt ...

FISCHRESTAURANT SIMO

Wollten Sie sich schon immer mal in der Natur so wohlfühlen wie der Fisch im Wasser? Dann führt der Weg auf jeden Fall zum „Fischrestaurant Simo". Umgeben von üppiger Flora und Fauna liegt das Traditionsrestaurant am Fuße der Gauhöhen, im idyllischen Wallerfanger Blauloch. Es bietet von klassischer Forelle bis zu Edelfischen wie Lachs oder Kabeljau wunderbare Gerichte. Vom liebevoll ausgestatteten Restaurant geben große Fensterfronten den Blick auf die Natur frei. Glastische mit jahreszeitlich wechselndem „Innenleben", mit natürlichem Schmuck wie Gräsern, Zweigen oder Muscheln dekoriert, wecken das „Forscherinteresse" ebenso wie die interessanten Speisevariationen, die Inhaberin Doris Weitner formvollendet serviert.

Herrlich ist es auf der beheizbaren Terrasse, direkt am großen Teich, in dem sich Kois und Karpfen tummeln. In mehreren kleinen „Seen" vergnügen sich Rotaugen und Karpfen, die dank der Futterautomaten vor allem von den Kindern gern mit Häppchen versorgt werden. Vor über 30 Jahren legten Doris Weitners Eltern die Teiche an und bauten das später umgestaltete Blockhaus. Freundliche Farben und Naturmaterialien geben dem „Fischrestaurant Simo" die ausgesprochen wohnliche Atmosphäre und schaffen eine gute Verbindung zum natürlichen Umfeld mit mediterranem Flair. Die Vorfreude auf die Speisen, die liebevoll zubereitet auf den Tisch kommen, stellt sich schon beim Lesen der Karte ein.

Fischrestaurant Simo

Blaulochstraße 100
66798 Wallerfangen

Telefon 0 68 31 / 96 69 30
Telefax 0 68 31 / 9 66 93 20

www.restaurant-simo.de

WALLERFANGEN

Kabeljaurückenfilet mit Kräuterkruste auf Blattspinat und Champagnersoße

Zutaten
4 Kabeljauloins à 180 g
oder Rückenfilet
etwas Mehl
Salz, Pfeffer, Zitrone

Für die Kräuterkruste
200 g geriebenes Weißbrot
2 Eigelb
25 g Parmesankäse, gerieben
je 1 EL Rosmarin, Thymian
5 g geriebener Knoblauch
120 g Butter

Für die Champagnersoße
80 g Möhren
80 g Sellerie
80 g Lauch
50 g Butter
150 ml Riesling
200 ml Fischfond
125 g Sahne
100 ml Champagner
oder Cremant d'alsace
Salz, Pfeffer

Kabeljaurückenfilet mit Kräuterkruste oder der Knusperteller „Frittierte Meeresköstlichkeiten" reizen zum Bestellen. Eine besondere Spezialität ist der hausgemachte Lachstatar. Auch Garnelenspieße oder Krabben und geräucherte Forelle sind ausgesprochen köstlich.

Im Sommer betört das große Kräuterbeet rund um das Restaurant, in dem Thymian, Rosmarin und weitere „natürliche Würzer" wachsen, den Geruchssinn des Gastes und liefert den regelmäßigen Küchennachschub. Die überwiegende Verwendung frischer Kräuter gibt den Gerichten stets eine besonders feine Note. Ob die provenzalische Fischsuppe oder raffinierte Saucen für die Gerichte, alles ist hausgemacht. Das Räuchern übernimmt Weitners Vater Guido Simo und seine Rezeptur überzeugt immer wieder. Auch die kalten Fischplatten sind stets ein Gedicht und können zudem als „Partyteller" für zu Hause bestellt werden. Von Montag bis Donnerstag gibt es täglich ein preisgerechtes Menü, inklusive Wiltinger Braunfels Riesling. Dieser trockene Saarwein wird eigens für Simo ausgebaut und ist eine gute Ergänzung zum Fischgenuss.

Wer trotz des wunderbaren Angebots lieber Fleisch, Geflügel oder Vegetarisches essen möchte, bekommt alles nach Wunsch, sollte dies aber vorbestellen. Das gilt auch für Familienfeste, die wegen der Naturnähe und der Fischvielfalt hier besonders gern veranstaltet werden.

Zubereitung

Das Gemüse klein schneiden, in Butter andünsten. Mit Weißwein, Fischfond und Sahne aufgießen und 30 bis 40 Minuten einkochen lassen. Würzen, passieren, eventuell binden, vor dem Servieren mit Champagner aufschlagen.
Das geriebene Weißbrot mit den Kräutern und dem gehackten Knoblauch sowie weicher Butter vermischen. Dann Eigelb und Parmesan zugeben. Die Fischfilets mit Zitrone beträufeln, dreiteilen, würzen und bemehlen, dann in der Pfanne beidseitig anbraten. Auf ein Backblech geben, die Kräuter-Weißbrotmischung auf die obere Fischseite verteilen, andrücken.
Im vorgeheizten Backofen bei circa 180 °C backen. Zum Fisch die Champagnersoße und Blattspinat reichen.

RESTAURANT NIEDMÜHLE

Restaurant Niedmühle
Bar & Lounge

Niedtalstraße 14
66780 Rehlingen-Siersburg / Eimersdorf

Telefon 0 68 35 / 6 74 50
Telefax 0 68 35 / 6 07 04 50

www.restaurant-niedmuehle.de

Das plätschernde Wasser der Nied trieb einst die alte Mühle an, die Arbeit und Brot bescherte. Urgroßvater Burbach verrichtete hier sein Tagewerk und baute in dieser Idylle sein Wohnhaus. Aus diesen Anfängen entstand auf dem schönen Parkgelände das heutige elegante „Restaurant Niedmühle". In stilvollem Ambiente bieten Tamara und Stefan Burbach ihren Gästen kulinarische Spezialitäten und Erholung vom Alltag. Hinter der Fassade des schlichten Hauses öffnen sich beeindruckende Räumlichkeiten. Im behaglichen Ambiente des Restaurants knistert an kühlen Tagen das Kaminfeuer und vom freundlich anmutenden Wintergarten schaut man direkt in die Natur. In dem intimen Rahmen der Lounge, mit roten Ledersesseln und Bar, trifft man sich gern zum zwanglosen Gespräch bei einem Glas Wein oder anderen flüssigen „Früchtchen". Helle Fliesen und modernes Mobiliar erzeugen ein wunderbares Flair, in dem sich private wie geschäftliche Besucher wohlfühlen. Das i-Tüpfelchen jedoch ist Stefan Burbachs gehobene Küche. Er zaubert gern Gerichte mit französischem Touch, veredelt zudem regionale Spezialitäten, sodass völlig neue

Rehlingen-Siersburg/Eimersdorf

Kompositionen entstehen. Ein besonderes Faible hat der gelernte Koch für ausgefallene Terrinen und Pasteten. Seine Steinpilzterrine mit Gänsestopfleber mundet vor allem im Winter sehr gut und gebratene Jakobsmuscheln auf Orangenfenchel schmecken zu jeder Jahreszeit. Zu seinen Raritäten zählt die Lende vom Iberico-Schwein mit unvergleichlichem Aroma. Kross gebratenes Lamm oder diverse Edelfische sind ebenfalls ausgesprochen köstlich. Fast alles wird vor Ort gefertigt, wie das selbst gebackene Brot, die Kuchen und die zartschmelzenden Pralinen. Stefan Burbach und sein Team entwickeln viele Rezepte neu und verwenden nur hochwertige Zutaten. Jeden Mittwoch und Donnerstag locken herrliche Kreationen beim Degustationsmenü. Dieses Angebot ist auch für junge Gourmets geeignet, die Wert auf moderate Preise legen. Äußerst interessant ist zudem das „Amuse-Bouche-Menü" mit bis zu 24 Gängen, das einmal pro Quartal angeboten wird.

Im „Restaurant Niedmühle" ist jede Speise angerichtet wie ein Kunstwerk und verrät die Freude am Detail. Rund 20 offene Weine sowie andere hochwertige Tropfen, vorwiegend von deutschen und italienischen Gütern, runden das Gourmeterlebnis ab. Die gehobene Küche und der herzliche sowie kompetente Service unter Tamara Burbachs Leitung überzeugen. Die vielfältigen Möglichkeiten in der Niedmühle und die Kochkunst führten schon mehrfach zu Auszeichnungen. Im Jahr 2008 wurde das Haus erstmals mit einer Kochmütze im Gault Millau aufgeführt und vom Regio Guide zum Restaurant des Jahres gewählt. Gute Erfolge, an die Familie Burbach sicher gern anknüpft.

Gänsestopfleberterrine
(Für eine 500 g Terrinenform)

Zutaten
ca. 500 g französische Gänseleber
4 cl alter Cognac
4 cl alter roter Portwein
je 1 Prise Pökelsalz, Fleur de Sel und Zucker
Pfeffer aus der Mühle
Quatre Epices (Pastetengewürz)

Zubereitung
Die Gänsestopfleber in groben Stücken auseinanderdrücken und dabei von Sehnen und Nerven befreien. Alle Zutaten wie Gänseleber, Gewürze und Flüssigkeiten gut miteinander vermengen. In eine Schüssel geben und mit einem Teller abdecken. Mindestens 24 Stunden kühl stellen und durchziehen lassen. Anschließend fest in eine Terrinenform pressen. In der abgedeckten Terrinenform im Wasserbad bei 80 °C 25 Minuten garen lassen. Wegen der Gerinnung keinesfalls bei höherer Temperatur.
Nach dem Garen die Terrine in der Form wieder 24 Stunden kühl lagern und ruhen lassen. Zum Servieren aus der Form lösen und mit einem heißen Messer in etwa 1 Zentimeter dicke Scheiben schneiden.
Gut dazu passen gebratene und mit Gewürztraminer glasierte Apfelspalten.

WÖLFE, SINNESERFAHRUNGEN UND ERLEBNISSHOPPING

Merzig hat zwischen den Höhen des Saargaus eine schöne Lage und ist mit wundervollen Gärten und dem außergewöhnlichen Wolfspark gesegnet. Die Kirche St. Peter, die die einzige erhaltene romanischer Bauart im Saarland ist, bildet den Mittelpunkt der schönen Altstadt.

Am idyllischen Seffersbach ist das Feinmechanische Museum „Fellenbergmühle" angesiedelt. Es beherbergt eine betriebsfähige, feinmechanische Werkstatt, die in der ehemaligen Mahlmühle eingerichtet wurde. Der Werkstattcharakter blieb erhalten und an der 1931 entwickelten Trauring-Graviermaschine Cardan können noch heute in wenigen Minuten die gewünschten Initialen verewigt werden.

Was es heißt, mit den Wolfen zu heulen, kann man sich im Wolfspark im Kammerforst unweit der Stadt vorstellen. Der Verhaltensforscher Werner Freund befasst sich seit über 30 Jahren mit diesen Tieren und zog die hier lebenden von Hand groß. Im „Werner-Freund-Museum" sind zahlreiche Gegenstände von seinen Expeditionen rund um den Erdball zu entdecken.

Das internationale Bildhauersymposium „Steine an der Grenze" ist zwischen den

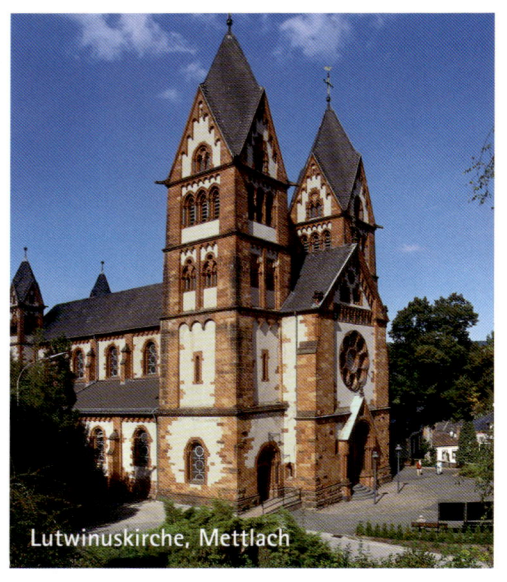

Bildhauersymposium

Alter Turm, Mettlach

Lutwinuskirche, Mettlach

Living Planet Square, Mettlach

Orten Büdingen und Wellingen angesiedelt, auf französischer Seite zwischen Launstroff und Waldwisse. Der Bildhauer Paul Schneider initiierte es im Jahr 1986 und mittlerweile säumen 26 Kunstwerke aus Stein den Wanderweg.

Mit dem Kontakt zu den französischen und luxemburgischen Nachbarn meinen es die Saarländer ernst, wie auch das Projekt „Gärten ohne Grenzen" verdeutlicht. Verschiedenste Themengärten sind in dem Dreiländereck entstanden. Auf dem Merziger Kreuzberg wurde der flächenmäßig größte Teil, der Garten der Sinne, angelegt. Er setzt sich aus mehreren Bereichen zusammen wie dem Klanggarten, Jahreszeiten- oder Wassergarten und dem Rosengarten.

In der nahe gelegenen Stadt Mettlach weist das Kunstwerk „Weltkarte des Lebens" von André Heller und Stefan Szczesny auf die besondere Bedeutung von Villeroy & Boch hin. Es wurde im Mosaikatelier des Unternehmens produziert und war ein Höhepunkt der EXPO 2000 in Hannover. Im Museum von V & B kann die Industriegeschichte verfolgt werden und das Einkaufserlebnis für Porzellan- und Keramikfreunde rundet den Besuch bestens ab.

Stadtpark, Merzig

CAFÉ KAUFHAUS KAHN & KÜCHENMEISTEREI

**Café Kaufhaus Kahn &
KüchenMeisterei**

Kirchplatz 15
66663 Merzig

Café Kaufhaus Kahn
Telefon 0 68 61 / 93 88 44

KüchenMeisterei
Telefon 0 68 61 / 9 12 17 90
Telefax 0 68 61 / 93 85 07

www.kaufhauskahn.de

Nostalgische Schönheit ist hinter der stilecht renovierten Sandstein-Fassade des einstigen Kaufhauses Kahn neu erwacht. Das 1901 eröffnete kunstvoll gestaltete Warenhaus war eine große Attraktion, denn – für damalige Zeiten ungewöhnlich – gab es von Kleidung bis zu Bettfedern und Schulwaren alles unter einem Dach. Politisch bedingt emigrierte der erfolgreiche jüdische Kaufmann Abraham Kahn in den 1940er-Jahren in die USA. In den Folgejahren verfiel das Kaufhaus Kahn trotz vielfacher Umnutzung zusehends. Heute unter Denkmalschutz stehend, wurde es völlig entkernt und wundervoll hergerichtet als „Café Kaufhaus Kahn & KüchenMeisterei im Kaufhaus Kahn". Der Name ist gleichzeitig Programm. Gastgeber Norman Kasper-May und sein Team bieten ihren Besuchern Gastlichkeit und ein ausgefallenes „Warensortiment".

Man kann auf Entdeckungsreisen gehen, vom Café-Restaurant, Kaufhaus, Bistro und dem Historischen Weinkeller bis hin zu eleganten Festräumen und dem Feinschmeckerrestaurant „KüchenMeisterei". Alte Baukultur und moderne kulinarische Verführungen gehen Hand in Hand. Inhaber Norman Kas-

MERZIG

per-May entschied sich nach 15-jähriger Leitungsfunktion in der Gastronomie für die Selbstständigkeit und das ungewöhnliche Konzept. In der „KüchenMeisterei" frönt er gleichzeitig seiner Kochleidenschaft.

Das Bistro im Stil der 1920er- und 1930er-Jahre bietet sich für einen Drink mit Freunden oder Snacks in ungezwungener Atmosphäre an. Wohlig ums Herz wird es jedem inmitten der venezianischen Büfetts und original Kaffeehaus-Löwenkopftische im Café-Restaurant. Vom Morgen bis zum Abend entdeckt man Gaumenfreuden wie das ausgiebige Frühstücksbuffet, den Sonntagsbrunch, köstliche Salate sowie hochwertige Confiserie. Erlesene Schokolade-, Kaffee- oder Teespezialitäten und Cocktails begeistern Jung und Alt. Auf der Terrasse gegenüber dem Kirchplatz von St. Peter ist es dank Heizstrahlern auch bei kühlem Wetter angenehm.

Hausgemachte Pasta kann man ebenso genießen wie internationale Leckereien. Viele Spezialitäten wie handgeschöpfte Schokoladen, Schinkenraritäten, spezielle Öle, besondere Gewürze sowie nicht alltägliche Alkoholika können im integrierten „Kaufmannsladen" erworben werden. Im historischen Gewölbekeller aus dem 17. Jahrhundert lagern beste Weine, die bei einer Weinprobe oder in kleiner Runde mit Speisen genossen werden.

Ein besonderes Flair hat der Festraum (bis 50 Personen) in der ersten Etage mit seiner Kombination aus Ziegelsteinboden und elegantem Interieur. Mit dem zuletzt eingerichteten Feinschmeckerrestaurant „KüchenMeisterei" ist das Kaufhaus komplett. Es entstand ein herrlicher Raum für Anlässe, die einen luxuriösen Rahmen verdienen. Antike Möbel und ein Ziegelboden aus dem 18. Jahrhundert zieren das Schmuckstück, in dem Norman Kasper-May vor allem französische und internationale Kreationen eigener Machart bietet sowie Köstliches aus der Avantgardeküche. Das neue alte Kaufhaus ist auf dem besten Weg …

RATSSTUBE & GÄSTEHAUS BLASIUS

Ratsstube & Gästehaus Blasius

Trierer Straße 12–14
66663 Merzig

Telefon 0 68 61 / 29 27
Telefax 0 68 61 / 7 79 92

www.ratsstube-blasius.de

Am idyllischen Seffersbach und in der Merziger Fußgängerzone gelegen ist die „Ratsstube Blasius" schon seit den Sechzigerjahren ein beliebter Treffpunkt für alle, die gemütlich und gut speisen möchten. Ursula und Peter Blasius begeistern ihre Besucher schon mehr als 25 Jahre mit ihrer hervorragenden Gastronomie. Neu hinzu kam 2007 das attraktive „Gästehaus Blasius". Die gemütliche Ratsstube mit viel Holz und hübschen Dekorationen ist zu jeder Jahreszeit ein beliebter Treffpunkt für Wanderer, Radfahrer und Kurzurlauber. Wegen der vorzüglichen Gerichte kommen auch gern Geschäftsleute. An der Theke schmeckt nicht nur das Bier, sondern der Appetit wird angeregt, denn oft kann man hier dem Chefkoch Peter Blasius beim Zubereiten über die Schulter schauen. In den Sommermonaten blickt man von der vorderen Terrasse auf die flanierenden Fußgänger und von der hinteren auf sattes Grün.

Seine bürgerliche bis gehobene Küche umfasst saftige Steaks ebenso wie delikat zubereiteten Fisch und kreative Gemüse- oder Salatvariationen, die er gemeinsam mit seinem erfahrenen Team zubereitet. Die Nähe zu Frankreich merkt man bei vielen Kreationen, ebenso die regionale Ader. Die gleichbleibend hohe Qualität ist gewährleistet durch den Einkauf bei ausgesuchten Produzenten und Lieferanten. Als aktives Mitglied der Confrérie de la Chaîne des Rôtisseurs ist auch der vollendete Service für Peter Blasius und seine

MERZIG

charmante Frau eine Selbstverständlichkeit. Für das „Schweinefilet Madagaskar", mit grünem und weißem Pfeffer verfeinert, und die „Kartoffelpuffer mit Lachs und Blattspinat" nehmen die Gäste selbst längere Anfahrtswege in Kauf. Köstlich sind aber auch die vegetarischen Kompositionen oder süßen Leckereien.

Gewürzt wird mit frischen Kräutern, die Ursula Blasius im eigenen Garten hinter dem Gästehaus zieht. Und auch viele Früchte für das Dessert reifen auf ihrem Grundstück. Zünftiges wie Schnitzel oder Cordon Bleu ist gefragt, aber auch mehrgängige Menüs werden angeboten.

Orientiert an den saisonalen Höhepunkten gibt es Themenwochen und immer im Januar wird gegessen nach Schweizer Art. Mit dieser Tradition erinnert die Restaurantfachfrau Ursula Blasius stets an ihr Heimatland, das sie der Liebe wegen mit dem Saarland tauschte. In der Merziger Umgebung fühlt sie sich ebenso wohl wie die vielen Urlauber, die die gut erhaltene Altstadt, den nahen Wolfspark und vieles mehr erforschen.

Mit dem Gästehaus, an seiner rosa Farbe leicht zu erkennen, erfüllt das Gastronomenpaar einen lang gehegten Wunsch vieler Gäste. Mit viel Freude am Detail sind die vier Zimmer eingerichtet und auch für Selbstversorger geeignet, da vom Kühlschrank bis zum Trockner und Internetanschluss nichts fehlt. So konnte man sich gleich im ersten Jahr über die 3-Sterne-Klassifizierung freuen.

Kartoffelpuffer mit Lachs und Blattspinat

Zutaten

400 g norwegischer Wildlachs (oder Lachsfilet)
4 mittelgroße Kartoffeln
1 Zwiebel
2 Eier
1 EL Quark
Salz, Pfeffer, Muskat
2 EL Mehl
500 g Spinat
1/4 l Sahne
1/4 l Gemüsebrühe

Zubereitung

Kartoffeln und Zwiebeln reiben, mit den weiteren Zutaten vermischen. Portionsweise in Olivenöl braten.

100 g Spinat und Gemüsebrühe mit einem Stabmixer verrühren, danach einkochen. Dann Sahne zugeben und reduzieren lassen, mit Salz und Pfeffer würzen.

Den Lachs in 8 gleich große Stücke schneiden, anbraten und mit Salz und Pfeffer würzen. Den restlichen Spinat mit Butter anschwenken. Kartoffelpuffer, Lachs und Blattspinat schichten wie einen Turm, zuletzt wieder einen Puffer auflegen. Mit Soße nappieren.

BÄCKEREI TINNES

Bäckerei Tinnes
Der Bäcker – Das Café

Schankstraße 46
66663 Merzig

Telefon 0 68 61 / 23 59
Telefax 0 68 61 / 7 69 58

Herrliche Düfte vertreiben die Morgenmüdigkeit und erleichtern auch Langschläfern das Aufstehen – so wie der unverkennbare Geruch frischer Brötchen und der leicht süßliche noch ofenwarmer Hefestückchen. Beim Anblick der knusprigen und leckeren Vielfalt in der Bäckerei und dem Café Tinnes kommt der Appetit von selbst.

Der 1904 gegründete Familienbetrieb wird in der vierten Generation von Marion und Peter Tinnes sowie seinem Bruder Hannes geleitet, die Eltern bringen weiterhin ihr Fachwissen mit ein. Aus der einstigen kleinen Bäckerei ist heute ein moderner Betrieb geworden, der auch eine Vollkornbäckerei, Konditorei sowie ein Bistro und Café umfasst.

Die handwerkliche Tradition jedoch wird weiter gepflegt. Nach der Devise „alles von Hand" werden Maschinen nur zur Unterstützung eingesetzt. Der Sauerteig wird noch selbst angesetzt und der Vollkornschrot selbst gemahlen, so wie zu Urgroßmutters Zeiten. „Ich bin kein Tütenbäcker", betont Peter Tinnes und so findet man keinerlei Fertigmischungen oder bedenkliche Zusätze. Mit seinem Team garantiert der Bäckermeister aus Leidenschaft gleichbleibend hohe Qualität, die nach mehr schmeckt, und einen kompetenten wie freundlichen Service.

Wie schon die Urgroßeltern, legen auch die jungen Besitzer großen Wert auf erstklassige Zutaten, wie beispielsweise das Getreide, von Landwirten direkt aus der Region. Das um-

MERZIG

fangreiche Sortiment umfasst 35 Brotsorten, davon zehn Bio- und rund 20 Brötchenvariationen. Das Vollkorn-Bio-Sortiment gibt es seit 1985 und diese besonders kräftigen Sorten sind sehr beliebt, ebenso wie das Pharaonenbrot aus Kamut-Getreide, welches durch seine natürliche Würze besticht. Das herrliche Dinkelbrot oder die speziellen Allergiker-Mischungen munden genauso vorzüglich wie Roggen-, Weizen- oder Körnerbrote.

Der Vielfalt halber werden auch immer wieder einmal neue Geschmacksrichtungen getestet oder gerade aktuelle Trends, wie Oliven- oder Gewürzbrote, aufgegriffen. Doch der Linie, authentische Qualität zu liefern, bleibt die Backmannschaft immer treu. Beim Blick hinter die Kulissen stellt man unweigerlich fest, dass hier aus Überzeugung handwerklich gearbeitet wird. Einmal jährlich können Interessierte den flinken Händen zuschauen, in der schon traditionellen Nacht des Backens. Dabei wird gern der eine oder andere Backtipp weitergegeben und pünktlich um zwölf Uhr steht das Mitternachtsbrot auf dem Tisch.

Neben knackigen Broten und Brötchen schlägt auch das Naschkatzenherz höher. Saftige Blechkuchen mit und ohne Obst oder Einbacks und leichte bis sahnereiche Torten ziehen die Blicke auf sich. Die häusliche Kaffeetafel ist so schnell und genussvoll gedeckt. Möchte man sich hingegen ein bisschen entspannen, empfiehlt sich das Bistro für den schnellen Imbiss oder das großzügige Café, in dem die rund 80 Plätze nie lange leer stehen für die gesellige Pause. Vom Morgen bis zum Abend gibt es hier allerlei süße und deftige Köstlichkeiten. Schon die Frühstückskarte ist verblüffend. Daher wird ihr Angebot auch gern als Geschenk für Verwandte oder Freunde genutzt. Das „himmlische Frühstück für Zwei" mit Wurst, Käse und Sekt oder das „Kids-Frühstück" mit allerlei Überraschungen für den Nachwuchs sowie Spezial-Zusammenstellungen für Feiertage, beispielsweise zum Muttertag oder zu Silvester, sind eine super Idee. Als deftige Variante kann zwischen belegten Brötchen oder Broten sowie vegetarischer oder anderer Pizza aus eigener frischer Fertigung gewählt werden. Mittags gibt es zudem diverse Toasts, raffinierte Gratins oder Salate, die das Sortiment vorzüglich bereichern.

Bei Tinnes greifen Tradition und Moderne vorzüglich ineinander – und vor allem – die kulinarische Verführung hält, was sie verspricht.

FISCHRESTAURANT FORELLENHOF

Im romantischen Ohligsbachtal, auch Mühlental genannt, fühlen sich Spaziergänger und geschichtlich Interessierte gleichermaßen wohl. Öl- und Getreidemühlen sowie Mühlen- und Fischteiche prägten einst die Auen, die heute von einem Rundweg umgeben sind. Dieser führt direkt am „Fischrestaurant Forellenhof" entlang, das vor allem wegen seiner Fischspezialitäten immer einen Besuch wert ist.

Die kleine Idylle von Margarete und Egon Latz ist ein guter Tipp. Das gemütliche Restaurant und der attraktive Wintergarten bieten insgesamt rund 60 Plätze. Von der großen mediterranen Terrasse aus schaut man auf die Forellenzuchtteiche und kann den munteren Gesellen im Wasser zuschauen. Es duftet nach Blumen und Kräutern, die im eigenen Garten gedeihen und Eltern können in Ruhe speisen, da die Kleinen immer etwas zum Betrachten finden.

Vor über 40 Jahren begannen die Eltern von Egon Latz hier ihre weithin gepriesene Forellenzucht, die heute nicht nur den Nachschub für das schöne Restaurant liefert. Egon Latz ist ein ausgezeichneter Gastgeber, zudem räuchert und beizt er die Bach- und Lachsforellen aus der Eigenzucht sowie die

Fischrestaurant Forellenhof

Zum Ohligsbach 20
66663 Merzig-Bietzen

Telefon 0 68 61 / 22 04

www.forellenhof-bietzen.de

MERZIG-BIETZEN

Bachsaiblinge und Karpfen selbst. Auf Bestellung können sie jederzeit hier gekauft werden. Nach alten Rezepten werden die Fische mit frischen Kräutern gewürzt und jede Sorte hat ein intensives Aroma. Die Handarbeit und jahrzehntelange Erfahrung machen sich bei den Prachtstücken bemerkbar.

Im Fischrestaurant Forellenhof (freitags bis sonntags geöffnet) lässt man sich gern verwöhnen. Margarete Latz ist nach etlichen Jahren in der luxemburgischen Gastronomieszene bewusst nach Bietzen zurückgekehrt. Der enge Kundenkontakt und die nahe Natur geben ihr immer wieder neue Anregungen. Sie liebt natürliche Zutaten und bereitet die gebackene Forelle „Amande" mit gerösteten Mandeln genauso perfekt zu wie mit herzhafter Knoblauchsoße, Tomaten und Paprika. Das hausgeräucherte Forellenfilet aus dem Wacholderrauch wird warm serviert, da es so am besten sein volles Aroma entwickelt, wie sie betont.

Fleischgerichte, Salate und Suppen sind ebenfalls sehr schmackhaft, aber als Fischfreund sollte man sich diese lukullischen Bissen nicht entgehen lassen. Sie sind genauso unwiderstehlich wie das knusprige selbst gebackene Brot, das frisch aus dem Steinbackofen kommt. Die bekannte Heilquelle Bietzen ist nur eine halbe Stunde Fußweg entfernt und so kommt im Forellenhof das köstliche Wasser aus dem eigenen Brunnen auf den Tisch. Und weil der Fisch bekanntlich schwimmen muss, entschließt man sich vielleicht auch noch zu einem Schoppen Wein. Die vorwiegend deutschen Weine, von der saarländischen Moselseite oder der Pfalz, stammen von Top-Winzern. Ein weiteres Schmankerl sind die Liköre und Aperitifs, gefertigt aus selbst gesammelten Früchten wie Holunder und Quitte. Natur und Genuss liegen im Fischrestaurant Forellenhof dicht beieinander.

Räucherforelle mit Meerrettichsoße

Zutaten
Forellenfilets à 200 g pro Kopf
100 g Meerrettich
250 g Sahne
verschiedene Blattsalate
etwas Ruccola
Sauerampfer
Löwenzahn
Holunderblütenessig
Olivenöl
Gewürze nach Wahl
Salz, Pfeffer

Zubereitung
Den frischen Meerrettich reiben, Salz und Pfeffer hinzufügen und unter die geschlagene Sahne heben.
Den Salat zubereiten und zur Seite stellen.
Nun die Forellenfilets lauwarm werden lassen, mit Butterkartoffeln und Soße servieren.

AUF RÖMERSPUREN DURCH DAS DREILÄNDERECK DEUTSCHLAND, FRANKREICH UND LUXEMBURG

Schloss Berg, Perl-Nennig

Die Großgemeinde Perl grenzt unmittelbar an Frankreich und Luxemburg an und gemeinsame Feste sowie Projekte ermutigen zum Besuch auf beiden Seiten. Hübsche Dörfer entlang der Mosel und die kulinarischen Freuden in diesem Dreiländereck sind den einen oder anderen Ausflug wert.

Zu diesen Freuden gehört hier auch der Weingenuss. Die Weinbautradition im Saarland wird ausschließlich in der Gegend rund um Perl gepflegt. Schon vor 2000 Jahren wurden die ersten Rebstöcke gepflanzt und die Muschelkalk- sowie Keuperböden erwiesen sich als bestens geeignet. Das Rebenmeer an der Mosel verteilt sich vor allem über Oberperl, Sehndorf und Nennig.

Etliche Winzerbetriebe gibt es hier seit mehreren Generationen. Vorwiegend Burgundersorten gedeihen prächtig und alte Rebsorten wurden wiederentdeckt. Im Herbst wird oft und gern in den Winzerbetrieben gefeiert und da es genügend Unterkünfte in verschiedenen Preislagen gibt, ist ein Kurzurlaub in dieser Gegend interessant.

Die römischen Spuren kann man nicht nur anhand des Weinbaus verfolgen, sondern auch an den Ausgrabungen. Der prachtvolle Mosaikfußboden der römischen „Villa Nennig" zählt zu den größten und besterhaltenen nördlich der Alpen: Um ein Wasserbecken herum gruppieren sich geometrische Formen, die Szenen einer römischen Kampfarena darstellen. Die Villa mit Wandelhallen und Badeanlagen erstreckte sich einst auf eine Länge von 650 Metern.

Die antike Anlage der „Villa Borg" im Perler Ortsteil Borg gehört zu den größten römischen Villenanlagen im Saar-Mosel-Raum. Im archäologischen Museum werden zahlreiche Funde präsentiert, einige Gebäude konnten rekonstruiert werden. Ein römischer Kräutergarten nach altem Vorbild wurde beim Projekt „Gärten ohne Grenzen" im Jahr 2000 angelegt. In diesem Rahmen entstand auch der neue Barockgarten „Park von Nell" in Perl, der an das 1733 erbaute „Palais von Nell" angrenzt, sowie der neu angelegte Schlossgarten des „Renaissance-Schloss Berg", das heute ein Luxushotel beherbergt.

Römisches Fußbodenmosaik, Nennig

Palais von Nell, Perl

Römische Villa Borg, Perl-Borg

WEINGUT KARL PETGEN

Weingut Karl Petgen

Martinusstraße 12
66706 Nennig

Telefon 0 68 66 / 2 39
Telefax 0 68 66 / 13 23

www.karl-petgen.de

Das Rebenmeer zu Füßen schweift der Blick von Nennig über das saarländische Moseltal. Vom sonnenverwöhnten Schloss Berg aus kann man den Winzern bei der Traubenernte zuschauen. Auf diesem wunderschönen Fleckchen Erde baut Familie Petgen nachweislich seit 1720 eigene Weine an. Die Winzerleidenschaft seines Vaters Karl – der gern noch mit Rat und Tat zur Seite steht – packte auch Peter Petgen. Nach seiner fundierten Ausbildung zum Weinbautechniker übernahm er gemeinsam mit seiner Frau Sabine das traditionelle „Weingut Karl Petgen" und fühlt sich dem hohen Anspruch seiner Vorfahren weiterhin verpflichtet. Zahlreiche Preise, darunter 2007 auch auf Bundesebene, belegen die hohe Qualität seiner Weine.

In erster Linie werden auf den neun Hektar Rebfläche die auf diesen fruchtbaren Böden besonders gut gedeihenden Burgundersorten angebaut. Grau-, Weiß- und Spätburgunder sowie Auxerrois und St. Laurent entwickeln sich hier prächtig. Gleichzeitig ist die Familie bestrebt, die regionale Weinbaukultur zu erhalten und kultiviert daher auch den Elbling, Riesling, Müller-Thurgau und Gewürztraminer.

Die schon Jahrhunderte währende Familienerfahrung im Wingert und beim Ausbau fließt noch immer in die Entscheidungen ein. Gleichzeitig setzt Peter Petgen auf innovative Kellertechnik, die ein gleichbleibend hochwertiges Ergebnis garantiert. Im Holzfass und Barrique reifen die vollmundigen Rotweine, die sich mit bekannten Tropfen aus dem französischen und luxemburgischen Grenzgebiet ohne Zweifel bestens messen können. In Edelstahltanks hingegen reifen die köstlichen Weißweine. Die Vergärung läuft kontrolliert langsam und gezügelt in gekühlten Tanks. Die Weißen werden überwiegend trocken ausgebaut und sind spritzig, mit einem angenehm fruchtigen Bukett. Ihre zart zurückhaltende Säure macht sie zudem ausgesprochen gut verträglich.

Der „Nenniger Schlossberg" oder „Nenniger Römerberg" erinnern an die lange Weinbaugeschichte und beim gemütlichen Abend in einem gehobenen Restaurant oder bei einer Genießerstunde zu Hause wird vielleicht auch über ihre Entstehung philosophiert. Auf jeden Fall aber sind die wunderbaren Rebsäfte oder der prickelnde Sekt vom „Weingut Karl Petgen", gefüllt in glitzernde Kelche, stets Begleiter, die dem Gaumen schmeicheln. Nicht zu verachten ist auch das ökologisch angebaute Obst, das hier in der eige-

NENNIG

nen Brennerei in hervorragende Edelschnäpse verwandelt wird.

Hat man seine Liebe zum Wein erst neu entdeckt oder ist als Urlauber erstmals in der Gemeinde Perl, hilft die Beratung und Verkostung bei Petgens gut weiter. Für größere Weinproben sollte man sich allerdings rechtzeitig anmelden. Interessant für Reisende ebenso wie Ansässige sind aber auch der alljährliche Weinprobiertag im Mai und das Traubenlesefest im September, das im Weingut begangen wird. Von der Fröhlichkeit lässt man sich leicht anstecken und so mancher Freund der saarländischen Moseltropfen weiß Anekdoten aus der „Traubengeschichte" zu erzählen.

Das „Weingut Karl Petgen" ist wie die schöne Umgebung immer eine Reise wert. Im verträumten Örtchen Nennig reihen sich historische Gebäude aneinander und eine besondere Sehenswürdigkeit ist die einstige römische Villa aus dem zweiten Jahrhundert. Der 1852 entdeckte nahezu unversehrte Mosaikfußboden ist ein wundervolles Relikt früherer Prachtbauten. Dieses Mosaik gehört zu den besterhaltenen nördlich der Alpen und ist auf Grund der bildnerischen Darstellungen und Ornamente sehr eindrucksvoll. Teile des früheren Anwesens mit dem Gutshof sind inzwischen auch ausgegraben worden. Schaut man weiter, entdeckt man das sich majestätisch erhebende Schloss Berg. Inmitten der Reben wirkt es noch immer wie ein Märchenschloss. Ob die Adligen damals allerdings so wunderbare Weine tranken, ist nicht überliefert!

VICTOR'S RESIDENZ-HOTEL SCHLOSS BERG

Träume gewebt aus Fantasien, die das glanzvolle Leben bei Hofe auferstehen lassen, werden manchmal wahr. Die Weinberge zu Füßen, das prächtige Renaissance-Schloss und die mediterrane Villa im Rücken, schweift der Blick über die Weite des Obermoselgebiets und verheißt wundervolle Stunden. In „Victor's Residenz-Hotel Schloss Berg" werden die Wünsche wahr, denn das wundervolle, erste 5-Sterne-Hotel des Saarlands, inklusive seiner Restaurants, ist eine Oase für Kurzurlauber und der passende Rahmen für Tagungen mit Stil.

Der Zauber königlicher Zeiten spiegelt sich in den 114 luxuriösen Zimmern und Suiten wider, die Behaglichkeit verströmen und den Aufenthalt zu einem fürstlichen Vergnügen machen. Im stilvollen Interieur des Victor's Gourmet-Restaurants werden hervorragende Weine, darunter auch exklusive regionale Tropfen, kredenzt zu auserwählten Gerichten, die die Handschrift des 3-Sterne-Kochs Christian Bau tragen. Seine regionalen wie internationalen Kreationen, raffiniert zubereitet und formvollendet serviert, bieten höchsten Genuss. Kein Wunder, zählt er doch zu den zehn besten Köchen Deutschlands. Seine 10-jährige Kochkunst im „Victor's" wurde 2008 festlich gefeiert und offenbarte, dass seine Ideen für interessante und außergewöhnliche Kompositionen unerschöpflich sind.

Bacchus, römischer Gott des Weines, wacht über dem nach ihm benannten Restaurant mit seinem dezent eleganten Ambiente.

Victor's Residenz-Hotel Schloss Berg

Schlossstraße 27–29
66706 Perl-Nennig

Telefon 0 68 66 / 7 90
Telefax 0 68 66 / 7 91 00

www.victors.de

PERL-NENNIG

Neben internationalen Spezialitäten wird hier die italienisch-mediterrane Küche zelebriert. Kaffee und hervorragende Kuchen aus der hauseigenen Patisserie munden auf der blumenumrankten Terrasse und in der großzügigen Lobby besonders gut. Interessante Drinks und Cocktails aus aller Welt lassen den Alltag vergessen in der gediegenen Caesar's Bar oder der Lobby-Bar.

Bevorzugt man den etwas rustikaleren Stil, ist das benachbarte Landgasthaus „Die Scheune" genau die richtige Entscheidung. Das einstige Gesindehaus und frühere Unterstand für Tiere hat durch seine knorrigen Holzbalken und die ländliche Dekoration ein sehr wohliges Ambiente. Hier werden vorwiegend deftige Gerichte serviert, die an sonnigen Tagen gern auch im Biergarten verspeist werden.

Rund um die Schlossanlage breitet sich erholsame Ruhe aus, die durch die herrlichen Ausblicke an Intensität gewinnt. Die Hotelanlage mit ihren verschiedenartigsten Restaurants ist exzellent und attraktiv. Wundervoll entspannen kann man in dem vielfältigen Wellness-Bereich. Die verschiedenen Saunen, der Whirlpool oder das Dampfbad sind eine Wohltat für Körper und Seele, Bewegungsfreudige können sich im Fitnessraum oder Schwimmbad vergnügen.

Das Rundum-Wohlbefinden unterstützt die Beauty-Farm Victor's Vital-Resort durch verschiedenste Massagen, Bäderanwendungen sowie dermakosmetische Gesichts- und Körperbehandlungen. Nach der wohltuenden Behandlung fühlt man sich wie neu geboren. Der märchenhafte Charme des „Victor's Residenz-Hotel Schloss Berg" ist für Romantiker, die ein unvergessliches Wochenende zu zweit verbringen, ebenso ideal wie für einen kleinen Freundeskreis, der gemeinsam schöne Stunden verbringen möchte. Die herrliche Anlage ist natürlich auch für Hochzeiten und andere Familienfeiern ein idealer Treffpunkt.

Verschiedene Arrangements, für private Gäste sowie geschäftliche Veranstaltungen, sind sehr verlockend. Neueste Tagungstechnik ist selbstverständlich vorhanden. Unternehmungslustige können radwandern, golfen, reiten oder Helikopterflüge buchen. Ausflüge zur Keramikstadt Mettlach, nach Trier, der ältesten Stadt Deutschlands, oder über die Grenze nach Luxemburg oder Metz reizen und eine gemütliche Kutschfahrt durch die Weinberge ist sicher ebenfalls einen Versuch wert.

WEINGUT HERBER

Weingut Herber

Apacher Straße 15
66706 Perl

Telefon 0 68 67 / 8 54
Telefax 0 68 67 / 13 77

www.weingut-herber.de

Schon vor 2000 Jahren bauten die Römer in der heute einzigen saarländischen Weinbaugemeinde Perl ihre Weinstöcke an, vor allem den noch immer beliebten weißen Elbling. Diese Rebe zählt europaweit zu den ältesten Arten. An den sanften Hängen entlang der Obermosel, im Dreiländereck Deutschland-Frankreich-Luxemburg, liegt das „Weingut Herber". Das traditionelle Burgunderweingut wird seit 1919, heute in vierter und fünfter Generation von Helmut und Gertrud Herber sowie ihrem Sohn Matthias, bewirtschaftet. Wegen seiner hervorragenden Weißwein- und Rotwein-Qualität ist es weithin bekannt und wird regelmäßig auf Bundes- und Landesebene für seine Leistungen prämiert.

In dem 1830 erbauten Gemäuer, das einst als Pferdewechselstation und Herberge diente, sind heute moderne Technik, fundierte Erfahrung und Gastlichkeit zu Hause. Auf einer Fläche von rund 8,3 Hektar werden elf Rebsorten angebaut. Die Muschelkalk- und Keuperböden ergeben, ergänzt durch die Ertragsreduzierung, einen besonders ausgeprägten Charakter. Zu Herbers Hauptsorten zählen neben dem vorzüglichen Elbling herrliche Grauburgunder, Weißburgunder und Auxerrois, bei den Roten dominiert der Spätburgunder.

Die Weine zeichnen sich durch anregende Frische und dezente elegante Frucht aus. Die feine, nachhaltige Art führt zu einem besonderen Geschmackserlebnis. Durch den schonenden und sorgfältigen Ausbau wird eine hohe Bekömmlichkeit erreicht. Bereits im Weinberg wird auf strenge Qualität geachtet und durch behutsame Pressung bleibt das

PERL

Beste aus den Weißweinreben erhalten. Mit der gleichen vorsichtigen Handhabung werden sie anschließend in Edelstahlbehältern ausgebaut.

Im Maischegärverfahren werden die roten Trauben vorbereitet und in Holzfässern ausgebaut. Das Ergebnis ist ein weicher, samtiger Charakter. Die gehaltvollen, kräftigen Weine sind ein Aushängeschild für die Region und werden auch über die Grenzen hinaus gern serviert. Neben den überwiegend trockenen Weißen sind auch halbtrockene und liebliche Sorten wie Rivaner oder Ruländer im Sortiment sowie die Roten, darunter ein im Barrique gereifter köstlicher Spätburgunder. Zu den Spezialitäten für besondere Festlichkeiten gehören die angenehm perlenden Sekte wie Elbling und Weißer Burgunder und der herrliche Traubenschnaps. Für Freunde der gehobenen Küche sind Traubenkernöl und Weinessig erhältlich. In dem Familienbetrieb wird gut auf die Kundenwünsche eingegangen und Verkostungen sind nach Absprache jederzeit machbar. Weinproben, auch in Verbindung mit Speisen, sind für Kleingruppen ebenso möglich wie für Gruppen bis 35 Personen. Bei rechtzeitiger Nachfrage können auch Weinbergführungen durchgeführt werden. Und wer nach einer gemütlichen Probe gern noch bleiben möchte, findet in der Nähe schöne Unterkünfte oder kann sein Wohnmobil auf dem Gelände des Weinguts abstellen.

Da die Region Perl zu den ältesten Siedlungsgebieten des Saarlands gehört, sind hier überall keltische und römische Spuren zu finden, die einen längeren Aufenthalt interessant machen. Der barocke Park von Nell, die Quirinuskapelle und der Torplatz in Perl sind absolut sehenswert. In dem Park findet in der Zeit von Juni bis Juli jedes Jahr der Internationale Weinmarkt statt, auf dem das „Weingut Herber" natürlich vertreten ist. Auch beim Nenniger Weinfest im August oder dem Perler Wein- und Kellerfest im Oktober kann man stets die köstlichen Herber Tropfen genießen.

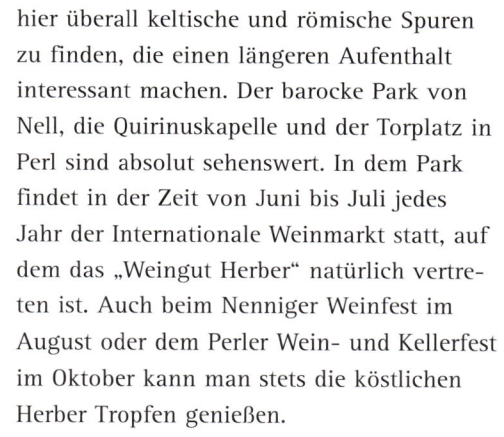

Für den Tag der offenen Tür, der meist im Mai direkt im „Weingut Herber" veranstaltet wird, sollte man sich genügend Zeit nehmen, denn dort geht es immer gesellig zu und gleichzeitig kann man viel über den Ausbau sowie die Vorzüge der einzelnen Sorten erfahren. Auch bei anderen Weinfesten rund um Perl sucht man nie vergebens nach Rebsäften des „Weinguts Herber" und lässt sich gern von der Fröhlichkeit der Besucher anstecken. In der reizvollen Landschaft mundet das Gläschen Wein ohne Frage einfach wunderbar.

ERHOLUNG RUND UM DEN KURORT WEISKIRCHEN

Kurpark Weiskirchen

Im Herzen des Naturparks Saar-Hunsrück liegt der erstklassige Heilklimatische- und Kneippkurort Weiskirchen. Diese Gegend zählen Kenner zu den schönsten Regionen des Saarlandes. Eingebettet in die wundervolle Mittelgebirgslandschaft ist dieser Kurort landschaftlich und gesundheitlich für die Besucher sehr attraktiv und erlebenswert.

Die Höhenlage mit ausgedehnten Laub- und Nadelwäldern ist die Voraussetzung für das hervorragende Klima und die reine Luft der Gemeinde. Urlaubsgäste, Patienten und auch geschäftliche Besucher genießen hier zu jeder Jahreszeit die Weite, den Wald und das Wohlgefühl, welches sich fast von selbst einstellt. Weiskirchen verfügt über die gesamte Infrastruktur eines modernen Kurortes. Die ctt-Hochwald-Kliniken leisten in zwei Fachkliniken modernste Rehabilitationsmedizin. Das Vitalis-Bäderzentrum bietet das gesamte Spektrum der Bade- und Saunakultur mit Spaß- und Gesundheitsanspruch. Wellness, Medical-Wellness und qualifizierte Therapien nach ärztlicher Verordnung sorgen für Erholung und Wohlbefinden. Im direkt angeschlossenen „Parkhotel Weiskirchen", welches auch Pauschalarrangements gemeinsam mit dem Bäderzentrum anbietet, kann man sich verwöhnen lassen. Lohnenswert ist zudem ein Besuch der Beautyfarm „Bel Etage", die in den Gesamtkomplex integriert ist. All diese Einrichtungen finden sich unmittelbar am herrlich gelegenen Weiskircher Kurpark, der mit seiner abwechslungsreichen Gestaltung und dem kleinen See eine wahre Augenweide ist.

Interessant ist der Staudengarten, der zu den Schönheiten des Projekts „Gärten ohne Grenzen" zählt. Bewegungsfreudige können sich auf der Minigolfanlage, der Boulebahn, den Beachvolleyballfeldern oder im Waldfreibad vergnügen und Rasenschach spielen. Tennisplätze, vier Wassertret- und Kneippanlagen, Nordic Fitness Park und Kegelbahnen bieten weitere Auswahl.

Für kleine Spaziergänge ebenso wie für ausgedehnte Wanderungen gibt es zahlreiche Möglichkeiten. Insgesamt 140 Kilometer gut markierte und bestens ausgebaute Wanderwege laden zum Naturerleben ein. Sowohl Heilklima- wie Premium-Wanderwege stehen zur Verfügung und werden von den verschiedensten Altersgruppen gern genutzt. Einzigartig im südwestdeutschen Raum ist das Museum für Drehorgeln und mechanische Musikinstrumente. Eine weitere Attraktion ist der Wild- und Wanderpark Weiskirchen mit der Vielfalt der heimischen Wildtiere sowie dem Informationszentrum des Naturparks Saar-Hunsrück. Bereichert werden die Sportmöglichkeiten im Winter durch die Hochwald-Loipe sowie einer Rodelbahn im Bereich des Wildparks.

Ganz in der Nähe befinden sich zudem die Freizeitzentren Stausee Losheim und die Talsperre Nonnweiler sowie die Golfanlage Nunkirchen.

Das „Gesundheitsmekka" Weiskirchen ist, wie die vielen Ferien- und Kurgäste beweisen, ein beliebter und abwechslungsreicher Ort. Mit zahlreichen Ferienwohnungen, einer modernen Jugendherberge, zwei Campingplätzen sowie einem umfangreichen Angebot an Privat- und Hotelzimmern ist auch ein gut bezahlbarer Aufenthalt für Familien hier gegeben. Eltern und Kinder haben viele Möglichkeiten, gemeinsam etwas zu unternehmen und den Kleinen zu neuen Erfahrungen zu verhelfen. Es warten beispielsweise Reiter- und Islandhöfe, das Freibad, der Wildpark mit Streichelzoo und schöne Spielplätze.

Das neue „Haus des Gastes" im Zentrum von Weiskirchen, ist großzügig ausgelegt und lichtdurchflutet. Es wird ergänzt von dem ebenfalls neu gestalteten Kirchplatz. In diesem Haus ist die Hochwald-Touristik als Tourist-Information untergebracht ebenso wie das „Mattheiser Bistro". Im Leseraum und der -galerie sowie in der Bücherei ist genügend „Stoff" für die Ferien vorhanden. Abgerundet wird das Angebot durch Ausstellungs-, Seminar- und Veranstaltungsräume in verschiedenen Größenordnungen, ausgestattet mit modernster Tagungstechnik. Der Kurort ist auch für Gruppenausflüge von Vereinen oder Clubs gut geeignet, für die die Hochwald-Touristik Weiskirchen, www.weiskirchen.de, gerne Programme zusammenstellt.

„Haus des Gastes"

PARKHOTEL WEISKIRCHEN

Müssten der saarländische Schwarzwälder Hochwald und das „Parkhotel Weiskirchen" in Wettbewerb zueinander treten, es wäre schwer, den Gewinner zu ermitteln. Denn beide bieten Ruhe, Erholung und Wohlgefühl. Als Einheit sind sie wunderschön und für Urlauber, Familien oder Geschäftsreisende gleichermaßen attraktiv. Mit der Übernahme 2007 durch den langjährigen Geschäftsführer Peregrin Maier wurde das Konzept weiter verfeinert, der Innen- und Außenbereich schöner gestaltet und der Gastronomiebereich noch schmackhafter.

Das herrlich gelegene 4-Sterne-Superior-Haus grenzt direkt an den Kurpark und verfügt über 125 komfortable, ruhige helle Zimmer, darunter Familienappartements sowie eine asiatische und eine ägyptische Suite. Beauty-, Hochzeits- und auch Referentenzimmer komplettieren das Angebot.

In dem wundervollen Ambiente fühlt sich jeder Gast wohl. Das elegante, lichtdurchflutete Restaurant „Vier Jahreszeiten" mit Wintergarten sowie der Salon sind einladend gestaltet. Nicht nur der offene Kamin, sondern auch die Brasserie mit Hotelbar vermittelt Behaglichkeit und auf den beiden großzügigen Terrassen mundet das Gläschen Wein ebenso gut wie der Kaffee.

Die Kräuterbeete bestätigen, dass Küchenchef Sascha Jacobs auf natürliche Zutaten Wert legt. Gern verwendet er Produkte aus der Region, wie Fisch aus einer nahen Forellenzüchtung, und bereitet auch leckere Bio-Gerichte zu. Zum Frühstück oder zur Kaffeestunde werden selbst gebackene Kuchen und Kekse sowie hausgemachte Marmelade serviert. Jakobsmuscheln mit Mangold oder Rotweinbutterreis mit gebackenem Ziegenkäse und erlesene Weine aus der Region, Italien oder Österreich erfreuen jeden Gourmet.

Das besondere Flair des „Wunschtraumhotels" eignet sich hervorragend für Fest-

Parkhotel Weiskirchen

Kurparkstraße 4
66709 Weiskirchen

Telefon 0 68 76 / 91 90
Telefax 0 68 76 / 91 95 19

www.parkhotel-weiskirchen.de

WEISKIRCHEN

lichkeiten. Brautpaare können sich standesamtlich hier trauen lassen und im Hochzeitspavillon oder im Raum „Bellevue" ihre unvergessliche Feier genießen. Im fröhlich bemalten Kinderzimmer „Kobolds Eck" dürfen sich die Kleinen bewegen und für die Älteren stehen Playstation, Tischtennisplatten und Kicker bereit. Einmal monatlich gibt es einen Themen-Brunch mit Kinderbetreuung.

Das vielseitige, zur Flair-Hotel-Kooperation gehörende Haus, spricht auch Wellness- und Beauty-Freunde an. Die integrierte Beautyfarm „Bel Etage" umfasst die Bereiche Kosmetik, Körperpflege und Wellness. Für Bewegungsfreudige empfiehlt sich das angegliederte, über 2 000 Quadratmeter umfassende „Vitalis-Bäderzentrum". Im Hallenbad, mit 25-Meter-Schwimmbahn, sind auch ein Massage- und Therapiebecken sowie eine großzügige Saunalandschaft vorhanden. Fitnesstraining, Aerobic oder isokinetische Angebote ermöglicht das ambulante Therapiezentrum „Reha-Vitalis".

Doch auch Bankette und Tagungen bis 300 Personen können bestens abgehalten werden, denn die flexiblen Räume bis 420 Quadratmeter sind mit modernster Technik ausgestattet. Multifunktionell und dennoch familiär ist das Parkhotel, mit entdeckenswerter Umgebung, stets ein lohnenswertes Ziel.

Jakobsmuscheln auf Weißweinbutter mit Mangold und Limonenrisotto

Zutaten

20 große Jakobsmuscheln
8 Schalotten, geschält
200 ml trockener Weißwein
2 Lorbeerblätter
200 g Butter
400 g Mangold, geputzt
200 g Risottoreis
50 g geriebener Parmesan für das Risotto
30 g Butter für das Risotto
30 g Butter für den Mangold
1 Limette
400–500 ml Gemüsebrühe
Olivenöl
Salz, Pfeffer, Muskat

Zubereitung

Für die Weißweinbutter die Schalotten in kleine Würfel schneiden, die Hälfte mit Weißwein und Lorbeerblättern erhitzen, dann reduzieren lassen, bis der Wein fast verkocht ist.
Für das Risotto die übrigen Schalotten und den Risottoreis anschwitzen. Etwa die Hälfte der Gemüsebrühe und die geriebene Schale sowie den Saft der Limette zugeben. Bei kleiner Hitze ziehen lassen, die restliche Gemüsebrühe nach und nach dazugeben. Zum Schluss Butter und Parmesan unterrühren.
Die Jakobsmuscheln salzen, in Mehl wenden und in einer Pfanne mit wenig Olivenöl von beiden Seiten goldgelb anbraten. Kurz abgedeckt ohne Hitze ziehen lassen. Den Mangold in einer Pfanne kurz mit Butter erhitzen und würzen. Die restliche Butter würfeln, nacheinander mit der Weißweinbutter einrühren, nicht kochen lassen.
Die fertige Weißweinbutter rund um den Mangold verteilen, die Jakobsmuscheln sternförmig darauf legen, dazwischen kleine Limonenrisottonocken geben.

Weinempfehlung: 2007er Grauburgunder Spätlese, Weingut Ökonomierat Petgen Dahm

LA KÜSINE

Restaurant La Küsine GmbH

Zur Küs 1
66679 Losheim am See

Telefon 0 68 72 / 50 55 05
Telefax 0 68 72 / 50 49 88

www.lakuesine.de

Ein Marktplatz der feinen Genüsse mitten in einem Gewerbegebiet? Ungewöhnlich, aber wunderschön. Erst auf den zweiten Blick entdeckt man das ausgezeichnete Restaurant „La Küsine" im Bürogebäude der Technischen Fahrzeugüberwachung KÜS. In dem lichtdurchfluteten, freundlichen Ambiente locken eine variantenreiche Mittagsküche und gehobene Spezialitäten am Abend.

Wäre das „La Küsine" nicht schon da, man müsste es glatt erfinden. Das Konzept ist so ausgewogen, dass ein Essen zu zweit hier als genauso angenehm empfunden wird wie eine geschäftliche Besprechung. Die Marktatmosphäre mit warmen Gelb- und Orangetönen und viel Holz gibt dem großzügigen Restaurant einen besonderen Charakter. Die 112 Plätze sind stets gut belegt und auch für stilvolle Veranstaltungen sind die Räumlichkeiten bestens geeignet.

Mit dem neuen Geschäftsführer Armin Kleinschmidt, der hier seit 2006 die Gäste verwöhnt, zogen ein neuer, stark kundenorientierter Stil und ein hervorragendes kulinarisches Angebot ein. Nach der Lehre in einem großen Bad Homburger Hotel war der sympathische, angenehme Gelassenheit ausstrahlende Koch europaweit unterwegs. Seine Erfahrungen und Eindrücke von 14 Stationen seiner Wanderschaft mündeten nun ins „La Küsine". Schon nach kurzer Zeit hat er dem Restaurant seine persönliche Handschrift verliehen und begreift sich sowie sein Team im wörtlichen Sinn als Gastgeber. Die saarländischen und internationalen Spezialitäten werden hier variantenreich neu interpretiert. Frische Zutaten, vorwiegend aus der Region, bleiben möglichst naturbelassen, sodass der Besucher eine aromatische „reine" Küche kennenlernt. Vielfach werden

LOSHEIM AM SEE

risches und herrliche Süßspeisen, das Tafeln hier ist einfach schön. Gourmets finden erlesene saarländische, französische und andere südliche Weine, bei kleinen, aber feinen Winzern eingekauft.

Die Spezialitäten und der kompetente wie aufmerksame Service laden dazu ein, sich im „La Küsine" immer wieder verwöhnen zu lassen. Und hat man noch ein wenig Zeit, lohnt sich ein Spaziergang durch die Stadt und um den Losheimer See.

auch Bio-Produkte eingesetzt. Typische Gerichte wie „Hoorige" werden nicht mit Speck-, sondern mit Rieslingsoße und Lachs serviert und die „Grumbeerkücherl mit Räucherlachs und Kaviar" oder „Lammspieße" lassen das Wasser im Munde zusammenlaufen. Leichte Gerichte, wie Ziegenfrischkäse im Zucchinimantel, sind eine ideale Zusammenstellung für die kurze Arbeitspause. Mittags gibt es neben der Standardkarte ein täglich wechselndes Menü, das sowohl ausgewogen wie preisgerecht ist. Auf die Kleinen warten witzige und schmackhafte Kindermenüs. Die abendliche Karte bietet vor allem gehobene Speisen mit starkem regionalem Bezug. Ob Fisch, Wild oder Vegeta-

Lammspieße

Zutaten

1 kg Lammfleisch aus der Keule
4 Knoblauchzehen, gepresst
8 EL Olivenöl
8 EL trockener Rotwein
2 EL brauner Rum
100 g grüne Paprikaschote
1 große Zwiebel
200 g Tomaten
1 EL Oregano, getrocknet
jeweils 1 EL Rosmarinnadeln und Thymianblättchen
1 TL schwarzer Pfeffer, frisch gemahlen
Salz
Holzspieße

Zubereitung

In einer Schüssel den gepressten Knoblauch, Öl, Wein, Salz, Oregano, Rosmarin, Thymian, Rum und Pfeffer zu einer Marinade verrühren.
Das gewaschene und trocken getupfte Fleisch in Würfel von etwa 3 Zentimeter Kantenlänge schneiden, in die Marinade geben und zugedeckt etwa 8 Stunden im Kühlschrank ziehen lassen.
Die Paprikaschote waschen, entkernen und in etwa 3 Zentimeter große Stücke schneiden. Die geschälte Zwiebel längs halbieren und in einzelne Hautschichten teilen, die Tomate achteln und Stielansätze entfernen.
Die Fleischwürfel aus der Marinade nehmen, mit dem Gemüse auf Holzspieße stecken, auf einen angeheizten Holzofengrill legen und von allen Seiten etwa 45 Minuten grillen, dazwischen immer wieder mit der Marinade bepinseln.
Als Beilage eignen sich hervorragend selbst gemachte Gnocchi.

WASSERFREUDEN, HISTORISCHE ORTE, SKULPTUREN UND ROSEN

Die Mischung aus sportlichen Aktivitäten und Städtebesichtigungen im Sankt Wendeler Land ist für jedes Alter attraktiv. Beginnend in Türkismühle mit dem Ziel Neunkirchen sind abwechslungsreiche Erlebnisse en masse vorhanden. Am Bostalsee sind Surfer, Segler und Tretbootfahrer sowie Badenixen willkommen und schöne Wege zum Wandern und Radfahren machen das Erholungsgebiet auch an kühleren Tagen spannend.

In die Vergangenheit einzutauchen ist in Ottweiler kein Problem. Das kleine Städtchen mit seinem nostalgischen Flair lässt sich gut allein erkunden. Möchte man mehr Hintergrundwissen erhalten, werden verschiedenste Führungen in historischer Tracht angeboten, wie zum Beispiel in der Gestalt der Gräfin von Ottweiler, eines Hofpredigers oder Stadtschreibers. Beliebt sind auch die Nachtwächtertouren. In urigen Lokalen geht es gemütlich zu und macht sich der Appetit bemerkbar, winkt vielleicht ein deftiger Wurstsalat zum kühlen Bier.

Auch in St. Wendel sind die Spuren der Vorväter noch zu finden. Das städtische Wahrzeichen, die Wendalinusbasilika, gehört zu den prächtigsten Sakralbauten des Saarlandes. Die spätgotische Hallenkirche stammt aus dem 14. Jahrhundert. Unter einigen der historischen Häuser findet man alte Gewölbe, die einst als Weinkeller genutzt wurden.

Die uns schon bei Merzig begegnete „Straße der Skulpturen", welche zum Projekt „Steine an der Grenze" gehört, wird bei St. Wendel fortgeführt. Der Bildhauer Leo Kornbrust arbeitet seit Jahrzehnten an dieser Kunstidee und war Mitinitiator des Skulpturenfeldes in St. Wendel, an dem 17 internationale Künstler beteiligt waren. Bei einem Symposium im Jahr 2005, zu dem Künstler aus

Bostalsee

Historische Altstadt, Ottweiler

Wendalinusbasilika, St. Wendel

Polen, Frankreich und Luxemburg kamen, sprachen sich alle Beteiligten für die langfristige Fortführung dieser Kunst im öffentlichen Raum aus.

Ein anderes ehrgeiziges Ziel wurde schon in den Achtzigern erreicht. Der Landkreis Neunkirchen wurde offiziell zur Rosenregion erklärt. In acht parkähnlichen Rosengärten können Besucher die Sortenvielfalt bestaunen und die herrlichen Blüten genießen. Die Gastronomie, beispielsweise in Schiffweiler, und die Vereine huldigen der Rosenpracht mit Festen und der Wahl einer Rosenkönigin.

Bildhauersymposium, St. Wendel

Altstadt, Ottweiler

SCHMIDT KÜCHEN

Schmidt Küchen

Hubert-Schmidt-Straße 4
66625 Türkismühle

Telefon 0 68 52 / 88 70
Telefax 0 68 52 / 88 71 55

www.schmidt-kuechen.de

Das Wohn- und Arbeitsambiente ist mitentscheidend für das Wohlbefinden. Ein harmonischer und individueller Lebensraum, genau auf seine Benutzer abgestimmt und vermittelt Wärme und Geborgenheit und bietet gleichzeitig Rückzugsmöglichkeiten. Bei „Schmidt Küchen" stehen diese Tatsachen seit der Gründung 1959 durch Hubert Schmidt im Mittelpunkt der Planung und Ausführung. Der einstige kleine Familienbetrieb ist mittlerweile zu einem Weltunternehmen geworden, das in 17 Ländern vertreten ist.

Als Spezialist für innovative Lösungen und kreatives Design bietet „Schmidt Küchen" heute Kompletteinrichtungen mit einer besonders breiten Palette hochwertiger Küchen, Badmöbel sowie Schranksysteme. Das kreative und im Detail perfekte Sortiment für den Privat- und Objektbereich, im mittleren und gehobenen Preissegment, überzeugt.

Höchste handwerkliche Präzision und maßgeschneiderte Konzepte sprechen für die hohe Qualität des Traditionshauses, das vom verspielten Ambiente bis zum Minimalismus viel Raum für exquisites Design lässt. Mit Antonia Schmidt, die 1967 die Geschicke übernahm, sowie ihrem Mann Karl Leitzgen, erlebte das Unternehmen einen enormen Aufschwung, der sich weiterhin fortsetzt. Heute umfasst das breit gestreute Geschäftsnetz europaweit 450 Schmidt-Händler sowie weitere weltweit. Im Saarland sind außer der Produktion in Türkismühle auch Filialen in Saarbrücken, Dillingen, Ensdorf und Neunkirchen vertreten. Jedes Geschäft wird ausschließlich von professionellen Verkaufsberatern betreut, die Service- und Produktqualität miteinander vereinen.

Die Kundenzufriedenheit ist bei „Schmidt Küchen" keine leere Floskel. Die persönliche Betreuung vom Erstgespräch bis zur genau

TÜRKISMÜHLE

angepassten Einrichtung bleibt stets in einer Hand. Ob Planung ab Rohbau oder Ergänzung der Wohngestaltung, mithilfe der erfahrenen Berater werden Lösungen entwickelt. Dachschrägen oder verwinkelte Ecken können so genutzt werden, dass sie nicht nur Stauraum bieten, sondern auch optische Weite vermitteln. Sehr großzügige Wohn- oder Arbeitsräume, wie Lofts, werden durch passende gestalterische Elemente zu Einheiten, die Weite und Nähe gleichermaßen beinhalten.

Die Ausstellungsräume zeigen einen kleinen Querschnitt des Angebots, informieren über Materialien, von verschiedensten Echthölzern über Glas, hochwertige Kunststoffe bis zu Edelstahl. Bei Küchen beispielsweise ist der Korpus in 22 Tönen erhältlich, die Fronten sind ebenfalls in diversen Farben wählbar. Ob Hochglanz- oder moderne Holzfront, der Kunde findet zahlreiche Kombinationsmöglichkeiten. Vom Landhausstil bis zur Hightechversion offenbaren sich extravagante Ausführungen, die für jeden Kunden speziell angefertigt werden. Ein elegantes Esszimmer, eine rustikale Küche oder romantische Schlafräume, das Angebot ist einfach verblüffend. Die Formensprache, gepaart mit Präzision und widerstandsfähigen, gleichermaßen optisch raffinierten „Objekten", macht den Unterschied …

Durch die persönliche Fachberatung sowie garantierte Fristen und Qualität ist die Um- oder Neugestaltung durch „Schmidt Küchen" kein Buch mit sieben Siegeln. Zur Firmenphilosophie gehört der verantwortungsvolle Umgang mit Ressourcen, wie die Verwendung von Hölzern aus bewirtschafteten und aufgeforsteten Wäldern, und gleichzeitig die Ausschöpfung aller Möglichkeiten, um dem Nutzer den Alltag zu erleichtern.

Ob Büromöbel oder Schranksysteme und Sitzgelegenheiten für das Wohlfühl-Zuhause, neben einem ausgefallenen Design sind stets Ergonomie und Sicherheit mit im Spiel. Kundenzufriedenheit wird so auf vielfältige Art gesichert und verbunden mit der exklusiven handwerklichen Ausführung ist dauerhafter Wohnkomfort ein Plus, das Stammkunden von „Schmidt Küchen" schon lange genießen.

WEINTREFF MAGDALENENKAPELLE

Weintreff Magdalenenkapelle
Weinbistro

Balduinstraße 38
66606 St. Wendel

Telefon 0 68 51 / 80 83 85
Telefax 0 68 51 / 80 83 90

www.weintreff-magdalenenkapelle.de

Barocke Mauern umgeben die Magdalenenkapelle mit ihrem prächtigen Kreuzgewölbe, die heute als „Weintreff Magdalenenkapelle" zu einem außergewöhnlichen Ort der Geselligkeit geworden ist. Unweit der Basilika, mitten in St. Wendel, wurde der historische Kern erhalten und mit den neuen Anforderungen als Bistro und „Weinreich" geschickt verbunden. Einige Meter weiter liegt die dazugehörige Weinhandlung „Wein – Genuss und vieles mehr". Winzer Eike Richter führt beide Häuser und verwöhnt seine Gäste mit Weinen, Speisen und Seminaren.

Die Kapelle wurde 1318 erstmals erwähnt und durch die spätere Nutzung als Weinstube aus dem langen Dornröschenschlaf erweckt. Mit der Übernahme durch den jungen Winzer im Jahr 2006 wurde das Weinangebot durch kleine Speisen ergänzt. Der herrliche Gewölbekeller, der lichte Wintergarten und der ruhige Garten im Innenhof laden zum Verweilen ein. Die kleinen Häppchen waren so begehrt, dass mittlerweile das Bistro zu einem Geheimtipp für Gourmets wurde.

St. Wendel

Schwarze Pasta mit Riesengarnelen

Zutaten
250 g schwarze Spaghetti oder Tagliatelle
12 rohe Riesengarnelen
12 Cocktailtomaten
2 Knoblauchzehen
100 ml Weißwein
30 g Butter
1 getrockneter Peperoncino
6 EL Olivenöl
etwas frisch gehackte Petersilie
Salz, Pfeffer

Zubereitung
Die Garnelen aus der Schale lösen und in erhitztem Öl rosa braten. Knoblauch in Scheiben, zerdrückten Peperoncino und Cocktailtomaten 1–2 Minuten mitrösten, würzen. Mit Weißwein aufgießen, kurz einkochen lassen und kalte Butter zugeben.
Zwischenzeitlich die Pasta al dente kochen und zu den Garnelen geben. Zum Schluss Petersilie zugeben und alles vermischen.

Eike Richter bietet als Experte den Kunden, gemeinsam mit seinen Eltern Uschi und Holger, ein gut durchdachtes Konzept. In der Weinhandlung und im Bistro beraten Eike und Holger Richter, letzterer als Weinfreund und -kenner, fachkundig und freundlich die Gäste, während Uschi Richter ihre eigenwilligen Küchenkreationen zaubert.

Rund 150 verschiedene Weine, von saarländischen Spitzengewächsen bis zu diversen deutschen, italienischen, spanischen und weiteren Rebsäften, vervollkommnen das Repertoire. Noch am Gedeihen sind die eigenen Rebstöcke, die künftig die Karte mit bereichern sollen. Gewählt werden kann derzeit zwischen verschiedensten Gebieten und Preislagen, die den gelernten Winzer erraten lassen. Weinproben, auch kulinarische, sowie Verkostungen sind auf Vorbestellung möglich. Interessant sind auch Seminare wie „Schokolade & Wein", die gemeinsam mit exzellenten Produzenten geboten werden. Wie beim Wein werden auch die kulinarischen Produkte von nahe gelegenen Anbietern bevorzugt, wie vom Wendelinushof, Martinshof, Johannishof oder der Ölmühle Oberthal. Regionale Gerichte wie Sauerbraten mit Rotkohl oder Kartoffelklößchen an Lauchsoße schmecken bei „Köchin Uschi" genauso gut wie Schwarze Pasta mit Riesengarnelen oder Edelpilzragout an Scampi. Etwa einmal monatlich wechselt die Standardkarte und auf einer Tafel stehen die täglich variierenden Spezialitäten. Hinzu kommen elsässische, spanische oder italienische Wochen, in denen landestypische Speisen und korrespondierende Weine vereint werden.

Die kreative und fachkundige Ader des Familienteams kommt bestens an und in der Weinhandlung warten neben exzellenten Weinen und Schaumweinen auch Spirituosen sowie Delikatessen wie Oliven, Pasten, Olivenöl, Essig und Pasta auf die entsprechenden Feinschmecker.

ROSENHOTEL – RESTAURANT SCHERER

Prachtvolle Blüten haben Schiffweiler und den Landkreis Neunkirchen als Rosenregion bekannt gemacht. Die schon von Dichtern gepriesene schönste aller Blumen ist auch im „Rosenhotel-Restaurant Scherer" allgegenwärtig. Ihr Duft vermischt sich mit kulinarischen Aromen im gemütlichen Restaurant sowie behaglichen Hotel.

Der Familienbetrieb, 1940 als Gastronomie Scherrer gegründet, entwickelte sich vom einfachen Gasthaus zum Restaurant und Hotel, das auch gehobenen Ansprüchen genügt. Martin Scherer und seine Frau Evi führen das Haus in der dritten Generation – die Kinder Franziska und Matthias lassen schon erste gastronomische Ambitionen erkennen – und änderten 2003 mit dem Namen „Rosenhotel" auch Ausstattung und Angebot.

Der behagliche Stil mit einem Schuss Eleganz gefällt privaten Besuchern ebenso wie Tagungsgästen. Die abwechslungsreiche Karte mit regionalen wie internationalen Spezialitäten überzeugt. Der 1987 entstandene Hotelbereich wurde kürzlich renoviert und verfügt über zehn gut ausgestattete Zimmer und zwei schöne Appartements.

Ein längerer Aufenthalt in der waldreichen Umgebung ist auch außerhalb der Rosenblüte empfehlenswert. Schöne Wander- und Radwege sowie die Bergbauwege locken. Ein interessanter Dinosaurierpark ist derzeit im Entstehen.

Rosenhotel – Restaurant Scherer

Klosterstraße 3
66578 Schiffweiler

Telefon 0 68 21 / 6 97 38
Telefax 0 68 21 / 63 22 38

www.hotel-scherer.de

SCHIFFWEILER

Ebenso anziehend ist das Restaurant des Rosenhotels. In freundlicher Atmosphäre, stets mit frischen Rosen auf den Tischen, kann man sich von Martin Scherers Kochkünsten, unterstützt durch sein Fachteam, überzeugen. Im Steigenberger Frankfurter Hof startete der Koch und Küchenmeister seine Ausbildung und wurde 1983 Deutscher Jugendmeister als Koch. Im renommierten Hamburger Landhaus Scherer entdeckte er seine Freude an Fisch und Meeresfrüchten und verfeinerte die Kenntnisse als Poissionier. Heute bietet er gutbürgerliche bis gehobene Gerichte an, mit regionalen und saisonalen Schwerpunkten.

Köstlich ist Scherers Hausplatte, aus Filets, Früchten und Gemüse zusammengestellt, ebenso wie Rouladen vom Lachsfilet oder Schneckencremesuppe. Die Fisch- und Wildgerichte sind weithin bekannt und das Zanderfilet mit Sahnesenfkörnersoße oder Rehmedaillons mit Austernpilzen munden ebenso wie eine zünftige Brotzeit. An Werktagen (außer mittwochs) gibt es stets ein Tagesessen sowie Tagesmenü.

Die Rosenheimat findet sich im „Rosengericht" wieder sowie an den festlichen Rosenabenden, die im Mai und September zur Blütezeit stattfinden. Mit einem 5-Gang-Menü und musikalischer Umrahmung, in Anwesenheit der amtierenden Rosenkönigin Neunkirchens, sind diese heiß begehrt. Wollen Sie sich kulinarisch verwöhnen lassen in den eigenen Räumen (bis 150 Personen), kommt das Rosenhotel-Team gern mit Canapées ebenso wie kompletten Menüs von der gutbürgerlichen bis exquisiten Art. So bereitet Feiern Freude ...

Roulade von Lachs- und Zanderfilet an Krebsbuttersauce und Gemüse-Couscous

Zutaten
350 g Lachsfilet
350 g Zanderfilet
125 g Blattspinat
180 g Sahne
Ricard und Noilly Prat
Gemüse-Couscous
Chilifäden
Krebsbuttersauce
Krebsnase
Salz, Pfeffer
Folie

Zubereitung
Den Blattspinat kurz in kochendem Salzwasser blanchieren. Lachs- und Zanderfilet in 3 Zentimeter dicke Streifen schneiden.

Von den dünneren Fischteilen in der Mulinette eine Farce aus 100 g Lachs und 100 g Sahne zubereiten sowie eine Farce aus 100 g Zander mit 80 g Sahne und 30 g Blattspinat. Würzen mit Salz, Pfeffer sowie etwas Ricard und Noilly Prat.

Den blanchierten Spinat auf Folie dünn auflegen, Zanderfiletstreifen darauflegen, mit der Zanderfarce einkleiden. Die Lachsstreifen anlegen, mit der Lachsfarce bestreichen und mit Hilfe der Folie eine Roulade herstellen.

Diese im Wasserbad oder im Combi-Steamer ca. 20 Minuten garen. Kurz ruhen lassen, mit der Folie in 2 Zentimeter dicke Scheiben schneiden, die Folie entfernen.

Mit Gemüse-Couscous und Krebsbuttersauce servieren. Zum Garnieren Krebsnase und Chilifäden verwenden.

GRILL AU BOIS

Restaurant Grill au bois

Zweibrücker Straße 88
66538 Neunkirchen

Telefon 0 68 21 / 8 99 99
Telefax 0 68 21 / 86 47 88

www.grill-au-bois.de
www.grill-at-home.de

Der attraktive Blockhauscharakter des „Grill aus bois" macht neugierig auf die Räumlichkeiten und die Küche hinter der schönen Fassade. Die freundliche Atmosphäre der elegant bis dezent rustikal gestalteten Bereiche strahlt Wärme aus und die vielfältigen Spezialitäten von mediterranen Leckerbissen bis zu „Westernhits" machen Appetit. Das stilvoll eingerichtete „Les Copains" ist ein idealer Raum zum Entspannen sowie für Festlichkeiten bis zu 80 Personen. Besonders schön ist es hier mit musikalischer Begleitung, die gelegentlich live geboten wird. Ein ausgesprochen gemütliches Flair hat das „Romantikzimmer", in dem rund 30 Gäste tafeln und feiern können. Angenehm sitzt man zudem auf der geräumigen Terrasse. André Folschweiller führt seit 25 Jahren das „Grill au bois", welches durch sein gediegenes Flair, die gehobene Küche und den guten Service weithin bekannt ist.

Der gebürtige Franzose brachte die reiche Kocherfahrung aus seiner Heimat mit und bereitet immer noch gern französische und mediterrane Gerichte zu. Ebenso raffiniert sind seine amerikanischen Steaks nach Westernart oder Carpaccio vom Hirsch mit Scampi sowie delikate Fischvariationen. Und das Suppen-Trio „Grill au bois" ist genau das Richtige für Unentschlossene, denn es umfasst Spargel-, Ratatouillesuppe und Rinderkraftbrühe. Mit seinem kompetenten Team ver-

NEUNKIRCHEN

wöhnt André Folschweiller die Gäste nach dem Motto „Wir kochen vor Leidenschaft". Die Kreativität und Experimentierfreude kann man schon beim Lesen der Speisekarte erahnen. Das Flirtmenü, Last-Minute-Menü oder die Zwei-Herzen-Variante klingen vielversprechend. Interessant ist das Angebot „Abenteuer Geschmack". Dahinter verbergen sich Gerichte, die selten in der saarländischen Gastronomie anzutreffen sind. So kann man wählen zwischen American Bisonfilet, Iberico Schweinerückenfilet oder Wagyu Kobe Beef. Klingende Namen, die Interesse wecken und – wie man schnell feststellt, schmeicheln diese Köstlichkeiten dem Gaumen.

Mit großen Gewächsen überzeugt die Weinkarte, dominiert von französischen Tropfen verschiedenster Regionen. Gleichzeitig kann man auch saarländischen, italienischen oder spanischen Wein trinken. André Folschweiller kauft ausschließlich bei renommierten Gütern und stimmt die Sorten genau auf seine Gerichte ab. Die ausgewogene Speisekarte bietet für jeden Geschmack etwas und auch Kinder finden stets interessante Teller. Für Familien hat man ein besonders großes Herz. Im Untergeschoss des Hauses ist eigens ein Kinderzimmer eingerichtet, welches ganzjährig den Kleinen offen steht. Sonntags nachmittags wird der Nachwuchs sogar von einer pädagogisch erfahrenen Kraft betreut. Ein außergewöhnliches Angebot, das Eltern oder Großeltern begeistert.

Ausgesprochen beliebt ist auch der Catering-Service „grill at home". Drei Köche des „Grill au bois" kommen in die gewünschten Räumlichkeiten und verwöhnen dort mit ihren kulinarischen Künsten. In kleiner Runde wird das Pyramidenbüfett angerichtet, für Gourmets gibt es Kreationen nach Wunsch der Gastgeber. Ein mitreißendes Erlebnis ist zudem das Front-cooking, bei dem alle Sinne angesprochen werden.

Egal wofür man sich entscheidet, ob für den Urlaub vom Alltag im Restaurant oder die familiäre Umgebung mit Rundumversorgung durch Kochprofis, beim Team des „Grill au bois" ist man stets in guten Händen.

KULINARISCHE EMPFEHLUNGEN

Altes Pförtnerhaus – Restaurant 62
Fischbacher Straße 101
66287 Quierschied
Telefon 0 68 97 / 6 01 06 65
Telefax 0 68 97 / 6 01 06 65
info@altes-pfoertnerhaus.de
www.altes-pfoertnerhaus.de

Akzent Hotel Posthof 86
Postgässchen 5–7
66740 Saarlouis
Telefon 0 68 31 / 9 49 60
Telefax 0 68 31 / 9 49 61 11
info@posthof-saarlouis.de
www.posthof-saarlouis.de

Annahof – Hotel Restaurant 30
Am See
66440 Blieskastel-Niederwürzbach
Telefon 0 68 42 / 9 60 20
Telefax 0 68 42 / 96 02 50
info@annahof.de
www.annahof.de

apero Feinkost & Bistro 44
Mediterrane Genusskultur
Saargemünder Straße 63
66119 Saarbrücken-St. Arnual
Telefon 06 81 / 4 16 34 80
Telefax 06 81 / 4 16 34 87
info@apero-genusskultur.de
www.apero-genusskultur.de

Bäckerei Tinnes 100
Der Bäcker – Das Café
Schankstraße 46
66663 Merzig
Telefon 0 68 61 / 23 59
Telefax 0 68 61 / 7 69 58
tinnes_mzg@hotmail.de

Bistro im Bahnhof 78
Bahnhofstraße 74
66343 Püttlingen
Telefon 0 68 98 / 6 36 37
bistrobahnhof1@aol.com
www.bahnhof-puettlingen.de
www.kulturforum-koellertal.de

Cuisine Philipp 46
Saargemünder Straße 104
66119 Saarbrücken
Telefon 06 81 / 9 70 34 33
info@cuisine-philipp.de
www.cuisine-philipp.de

D'Angelo Pasta GmbH 88
Werner-von-Siemens-Straße 39
66793 Saarwellingen
Telefon 0 68 38 / 9 86 10
Telefax 0 68 38 / 98 61 20
info@dangelo.de
www.dangelo.de

Da Toni – Pizzeria Ristorante 51
Aniceto Daniele
Mainzerstraße 3
66111 Saarbrücken
Telefon 06 81 / 9 38 80 29
Telefax 06 81 / 9 85 02 67
info@datoni-ristorante.de
www.datoni-ristorante.de

Die Bauernstube – Restaurant 54
Hauptstraße 20
66123 Saarbrücken-Dudweiler
Telefon 06 81 / 3 29 69
Telefax 06 81 / 3 29 00
bauernstube-koch-sb@t-online.de
www.bauernstube-saarbruecken.de

Fischrestaurant Forellenhof 102
Zum Ohligsbach 20
66663 Merzig-Bietzen
Telefon 0 68 61 / 22 04
www.forellenhof-bietzen.de

Fischrestaurant Simo 90
Blaulochstraße 100
66798 Wallerfangen
Telefon 0 68 31 / 96 69 30
Telefax 0 68 31 / 9 66 93 20
dorisweitner@web.de
www.restaurant-simo.de

Forsthaus Neuhaus – Restaurant 56
Forsthaus Neuhaus
66115 Saarbrücken
Telefon 0 68 06 / 99 45 66
Telefax 0 68 06 / 99 47 55
info@forsthaus-neuhaus.de
www.forsthaus-neuhaus.de

Gasthaus Rech 74
Zum Steinhaus 4
66571 Eppelborn-Habach
Telefon 0 68 81 / 67 08
Telefax 0 68 81 / 8 96 05 69
gasthaus-rech@t-online.de

Gräfinthaler Hof – Restaurant 34
Gräfinthal 6
66399 Mandelbachtal
Telefon 0 68 04 / 9 11 00
Telefax 0 68 04 / 9 11 01
info@graefinthaler-hof.de
www.graefinthaler-hof.de

Grill au bois – Restaurant 126
Zweibrücker Straße 88
66538 Neunkirchen
Telefon 0 68 21 / 8 99 99
Telefax 0 68 21 / 86 47 88
grill-au-bois@t-online.de
www.grill-au-bois.de
www.grill-at-home.de

Hochwald-Touristik GmbH 112
Weiskirchen
Haus des Gastes
Trierer Straße 21
66709 Weiskirchen
Telefon 0 68 76 / 7 09 37
Telefax 0 68 76 / 7 09 38
hochwald-touristik@weiskirchen.de
www.weiskirchen.de

Hotel Mühlenthal GmbH 82
Bachtalstraße 214 / 216
66773 Schwalbach-Elm
Telefon 0 68 34 / 9 55 90
Telefax 0 68 34 / 56 85 11
info@hotel-muehlenthal.de
www.hotel-muehlenthal.de

Hotel zur Post & Weinrestaurant 26
Postillion
HGS Hotel- & Gaststättenbetriebsges. mbH
Kardinal-Wendel-Straße 19a
66440 Blieskastel
Telefon 0 68 42 / 9 21 60
Telefax 0 68 42 / 9 21 62 16
info@hotel-blieskastel.de
www.hotel-blieskastel.de

HP's Restaurant „Die Linde" 24
Einöder Straße 60
66424 Homburg-Schwarzenbach
Telefon 0 68 41 / 26 94
Telefax 0 68 41 / 26 94
www.hps-dielinde.de

IKS Industriekultur Saar GmbH 64
Boulevard der Industriekultur
66287 Quierschied-Göttelborn
Telefon 0 68 25 / 9 42 77 41
Telefax 0 68 25 / 9 42 77 99
delf.slotta@iks-saar.de
www.iks-saar.net

Issimo – Italienische Feinkost 22
Vitolo Vincenzo
Uhlandstraße 7
66424 Homburg
Telefon 0 68 41 / 1 22 22
Telefax 0 68 41 / 1 22 23
issimo@issimo-feinkost.de

Café Kaufhaus Kahn & 96
KüchenMeisterei
Kirchplatz 15
66663 Merzig
Café Kaufhaus Kahn
Telefon 0 68 61 / 93 88 44
KüchenMeisterei
Telefon 0 68 61 / 9 12 17 90
Telefax 0 68 61 / 93 85 07
info@kaufhauskahn.de
www.kaufhauskahn.de

Kochkultour Kai Mehler 38
Die Koch- und Patisserieschule
Im Rappenfeld 14
66453 Gersheim
Telefon 0 68 43 / 58 99 41
Mobiltelefon 01 63 / 6 28 09 24
Telefax 0 68 43 / 58 99 41
info@kochkultour.de
www.kochkultour.de

Kulinarische Empfehlungen

La Küsine GmbH – Restaurant 116
Zur Küs 1
66679 Losheim am See
Telefon 0 68 72 / 50 55 05
Telefax 0 68 72 / 50 49 88
info@lakuesine.de
www.lakuesine.de

Landhaus Rabenhorst – 18
Hotel-Restaurant
Am Rabenhorst 1
66424 Homburg
Telefon 0 68 41 / 9 33 00
Telefax 0 68 41 / 93 30 30
info@hotel-rabenhorst.de
www.hotel-rabenhorst.de

Weintreff Magdalenenkapelle 122
Weinbistro
Balduinstraße 38
66606 St. Wendel
Telefon 0 68 51 / 80 83 85
Telefax 0 68 51 / 80 83 90

Weinhandlung
„Wein – Genuss und vieles mehr"
Dom-Galerie
Luisenstraße 2–14
66606 St. Wendel
Telefon 0 68 51/ 8 00 79 66
mail@weintreff-magdalenenkapelle.de
www.weintreff-magdalenenkapelle.de

Martinshof Stadtladen GmbH 48
Diskontopassage 47
66111 Saarbrücken
Telefon 06 81 / 3 90 86 50
Telefax 06 81 / 3 90 82 86
info@martinshof.de
www.martinshof.de

Martinshof GmbH
In der Brombach 6
66606 St. Wendel-Osterbrücken
Telefon 0 68 56 / 90 06 33
Telefax 0 68 56 / 90 06 28
info@martinshof.de
www.martinshof.de

Niedmühle – Restaurant 92
Bar & Lounge
Niedtalstraße 14
66780 Rehlingen-Siersburg / Eimersdorf
Telefon 0 68 35 / 6 74 50
Telefax 0 68 35 / 6 07 04 50
info@restaurant-niedmuehle.de
www.restaurant-niedmuehle.de

Parkhotel Albrecht 80
Gegenbach GmbH
Kühlweinstraße 70
66333 Völklingen
Telefon 0 68 98 / 91 47 00
Telefax 0 68 98 / 2 36 55
info@parkhotel-albrecht.de
www.parkhotel-albrecht.de

Parkhotel Weiskirchen 114
Kurparkstraße 4
66709 Weiskirchen
Telefon 0 68 76 / 91 90
Telefax 0 68 76 / 91 95 19
info@parkhotel-weiskirchen.de
www.parkhotel-weiskirchen.de

Party Service Kurt Haas 76
Dorfstraße 26
66265 Heusweiler-Obersalbach
Telefon 0 68 06 / 7 88 44
Telefax 0 68 06 / 7 88 40
info@partyservice-haas.de
www.partyservice-haas.de

Petit Château – 20
Restaurant Gästehaus
Alte Reichsstraße 4
66424 Homburg-Schwarzenbach
Telefon 0 68 41 / 1 52 11
Telefax 0 68 41 / 12 01 53
info@petit-chateau.de
www.petit-chateau.de

Ratsstube & Gästehaus Blasius 98
Trierer Straße 12–14
66663 Merzig
Telefon 0 68 61 / 29 27
Telefax 0 68 61 / 7 79 92
ratsstube-blasius@arcor.de
www.ratsstube-blasius.de

Restaurant Mühlenthal 83
Bachtalstraße 214 / 216
66773 Schwalbach-Elm
Telefon 0 68 34 / 5 21 17
Telefax 0 68 34 / 56 85 11
info@hotel-muehlenthal.de
www.hotel-muehlenthal.de

Rosenhotel-Restaurant Scherer 124
Klosterstraße 3
66578 Schiffweiler
Telefon 0 68 21 / 6 97 38
Telefax 0 68 21 / 63 22 38
hotel-scherer@t-online.de
www.hotel-scherer.de

Schmidt Küchen 120
Hubert-Schmidt-Straße 4
66625 Türkismühle
Telefon 0 68 52 / 88 70
Telefax 0 68 52 / 88 71 55
info@schmidt-kuechen.de
www.schmidt-kuechen.de

Sengscheider Hof – 28
Hotel Restaurant
Zum Ensheimer Gelösch 30
66386 St. Ingbert-Sengscheid
Telefon 0 68 94 / 98 20
Telefax 0 68 94 / 98 22 00
sengscheiderhof@aol.com
www.sengscheiderhof.de

Tourismus Zentrale Saarland GmbH 52
Franz-Josef-Röder-Straße 17
66119 Saarbrücken
Telefon 06 81 / 92 72 00
Telefax 06 81 / 9 27 20 40
info@tz-s.de
www.tourismus.saarland.de
www.saarwanderland.de

Trattoria Toscana 50
Alexander Keller
Fröschengasse 18–22
66111 Saarbrücken
Telefon 06 81 / 9 10 18 95
Telefax 06 81 / 9 10 18 96
Trattoria.toscana@arcor.de
www.trattoriatoscana.de

Victor's Residenz-Hotel 108
Schloss Berg
Schlossstraße 27–29
66706 Perl-Nennig
Telefon 0 68 66 / 7 90
Telefax 0 68 66 / 7 91 00
info.nennig@victors.de
www.victors.de

Weingut Herber 110
Apacher Straße 15
66706 Perl
Telefon 0 68 67 / 8 54
Telefax 0 68 67 / 13 77
info@weingut-herber.de
www.weingut-herber.de

Weingut Karl Petgen 106
Martinusstraße 12
66706 Nennig
Telefon 0 68 66 / 2 39
Telefax 0 68 66 / 13 23
info@karl-petgen.de
www.karl-petgen.de

WZB Werkstattzentrum für 68
behinderte Menschen der
Lebenshilfe gGmbH
Am Beckerwald 31
66583 Spiesen-Elversberg
Telefon 0 68 21 / 79 30
Telefax 0 68 21 / 79 31 50
wzb@wzb.de
www.wzb.de

WZB gGmbH
Wendelinushof
66606 St. Wendel
Telefon 0 68 51 / 93 98 70
Telefax 0 68 51 / 9 39 87 29
wzb@wzb.de
www.wendelinushof.de

VERZEICHNIS DER REZEPTE

VEGETARISCHE HAUPTSPEISEN

Risotto al Balsamico di Modena Riserva — 23

HAUPTGERICHTE MIT FISCH

Bachsaibling an Pfifferlingen — 63

Jakobsmuscheln auf Weißweinbutter mit Mangold und Limonenrisotto — 115

Kabeljaurückenfilet mit Kräuterkruste auf Blattspinat und Champagnersoße — 91

Kartoffelpuffer mit Lachs und Blattspinat — 99

Mille feuille vom Seeteufel — 75

Pochierter Atlantik-Lachs — 87

Pot au feu de la mer — 47

Räucherforelle mit Meerrettichsoße — 103

Roulade von Lachs- und Zanderfilet an Krebsbuttersauce und Gemüse-Couscous — 125

Schwarze Pasta mit Riesengarnelen — 123

Spargelsalat mit gebratenen Garnelen — 19

HAUPTGERICHTE MIT FLEISCH

Gänsestopfleberterrine — 93

Gefüllte Rinderfilettasche mit Teignocken — 25

Gefülltes Schweinefilet mit Champignons in Sahne — 27

Geschmorte Rinderbäckchen mit Dornfeldersauce — 35

Lammrückenfilet unter Minz- Kräuterkruste — 55

Lammspieße — 117

Rumpsteak mit gerösteter Cashewkernkruste auf Dijon-Senfsoße — 83

Tatartörtchen vom Rinderfilet mit Kartoffelrösti und Wachtelspiegelei — 21

DESSERTS

Rosenparfait — 29

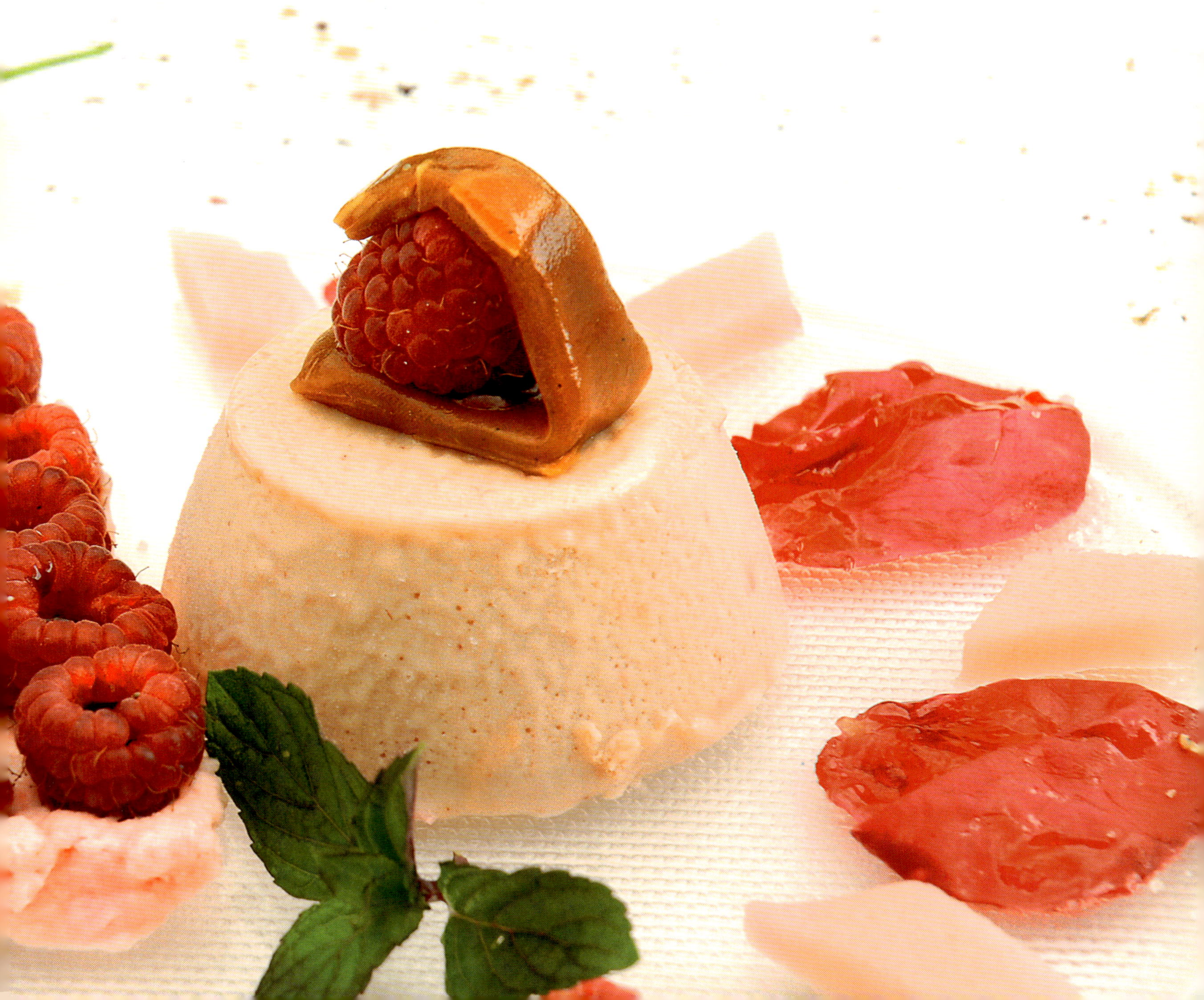

ISBN 978-3-86528-388-7
24,1 cm x 27,6 cm

ISBN 978-3-86528-389-4
24,1 cm x 27,6 cm

ISBN 978-3-86528-393-1
24,1 cm x 27,6 cm

ISBN 978-3-86528-363-4
24,1 cm x 27,6 cm

Kulinarische Entdeckungsreisen...

...durch die schönsten Urlaubsregionen

ISBN 978-3-86528-383-2

ISBN 978-3-86528-402-0

ISBN 978-3-86528-368-9

ISBN 978-3-86528-370-2

ISBN 3-86528-375-5

ISBN 978-3-86528-373-3

ISBN 978-3-86528-376-4

ISBN 978-3-86528-382-5

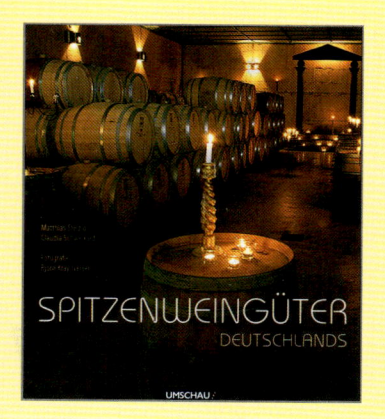

Im Frühjahr 2008 erscheinen...

ISBN 978-3-86528-336-8
24,1 cm x 27,6 cm

ISBN 3-86528-364-1

ISBN 978-3-86528-385-6
24,1 cm x 27,6 cm

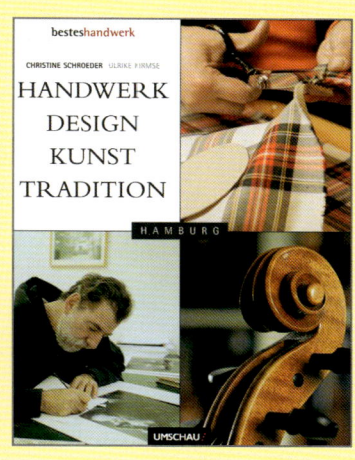

ISBN 978-3-86528-401-3

Antje Wohlers-Lichtenauer,
Hans Ulrich Gantenbein
Eine kulinarische Entdeckungsreise durch das Appenzeller Land
152 Seiten, 300 Farbfotos und 1 Karte
ISBN: 978-3-86528-365-8

Albertine Sprandel, Volker Miosga
Eine kulinarische Entdeckungsreise durch Bayerisch-Schwaben
128 Seiten, 300 Farbfotos und 1 Karte
ISBN: 978-3-86528-367-2

Magdalena Ringeling, Mechthild Schneider
Eine kulinarische Entdeckungsreise durch das Saarland
128 Seiten, 300 Farbfotos und 1 Karte
ISBN: 978-3-86528-379-5

Kurt Markaritzer, Paul-Julien Robert
Eine kulinarische Entdeckungsreise durch das Salzkammergut
232 Seiten, 400 Farbfotos und 1 Karte
ISBN: 978-3-86528-405-1

Ute Paul-Prößler, Thomas Knauer
Eine kulinarische Entdeckungsreise durch Thüringen
128 Seiten, 300 Farbfotos und 1 Karte
ISBN: 978-3-86528-403-7

Tosca Maria Kühn, Yves Hebinger
Trends und Lifestyle im Allgäu
144 Seiten, 300 Farbfotos und 1 Karte
24,1 x 27,6 cm
ISBN: 978-3-86528-406-8

Magdalena Ringeling,
Doris Böhm, Andreas Tauber
Trends und Lifestyle in Düsseldorf
ca. 240 Seiten, 400 Farbfotos und 1 Karte
24,1 x 27,6 cm
ISBN: 978-3-86528-410-5

Katrin Lipka, Max Nemo Mertens
Trends und Lifestyle in der Lübecker Bucht
152 Seiten, 300 Farbfotos und 1 Karte
24,1 x 27,6 cm
ISBN: 978-3-86528-407-5

Carmen und Thomas Nehm, Johann Scheibner
Trends und Lifestyle in Oberbayern – Der Südwesten
264 Seiten, 500 Farbfotos und 1 Karte
24,1 x 27,6 cm
ISBN: 978-3-86528-396-2

Sabine Mirbach, Gabriele Bender
Trends und Lifestyle in Ostwestfalen-Lippe
128 Seiten, 300 Farbfotos und 1 Karte
24,1 x 27,6 cm
ISBN: 978-3-86528-399-3

Petra Wagner, Daniel Schvarcz
Trends und Lifestyle in Salzburg
ca. 200 Seiten, 400 Farbfotos und 1 Karte
24,1 x 27,6 cm
ISBN: 978-3-86528-415-0

Hanne Bahra, Johann Scheibner
Süßes Berlin
128 Seiten, 300 Farbfotos und 1 Karte
24,1 x 27,6 cm
ISBN: 978-3-86528-384-9

Lily Grynstock, Petra Schmidt, Vera Morgenbesser
Süßes Wien
128 Seiten, 300 Farbfotos und 1 Karte
24,1 x 27,6 cm
ISBN: 978-3-86528-400-6

* Sofern nicht anders angegeben, haben alle Titel ein Format von 24,1 cm x 30,6 cm.

Alle Titel erhalten Sie bei Ihrer örtlichen Buchhandlung. Für weitere Informationen über unsere Reihe wenden Sie sich direkt an den Verlag:

UMSCHAU :

Neuer Umschau Buchverlag | Theodor-Körner-Straße 7 | D-67433 Neustadt/Weinstraße
Telefon + 49 (0) 63 21 / 877-852 | Telefax + 49 (0) 63 21 / 877-866
e-mail: info@umschau-buchverlag.de | www.umschau-buchverlag.de

IMPRESSUM

© 2008 Neuer Umschau Buchverlag GmbH, Neustadt an der Weinstraße

Alle Rechte der Verbreitung in deutscher Sprache, auch durch Film, Funk, Fernsehen, fotomechanische Wiedergabe, Tonträger jeder Art, auszugsweisen Nachdruck oder Einspeicherung und Rückgewinnung in Datenverarbeitungsanlagen aller Art, sind vorbehalten.

Herausgeberin
Katharina Többen, Neustadt / Weinstraße

Texte
Magdalena Ringeling, Frankenthal

Fotografie
Mechthild Schneider, Saarbrücken

Lektorat
Katrin Birzele, Neustadt / Weinstraße

Gestaltung, Satz und Reproduktionen
posi.tiff Dienstleistungen GmbH, Frankfurt / Main

Karte
Thorsten Trantow, Kenzingen
www.trantow-atelier.de

Druck und Verarbeitung
Druckkollektiv, Gießen

Printed in Germany
ISBN: 978-3-86528-379-5

Die Ratschläge in diesem Buch sind vom Autor und dem Verlag sorgfältig erwogen und geprüft, dennoch kann eine Garantie nicht übernommen werden. Eine Haftung der Autoren und des Verlages für Personen-, Sach- und Vermögensschäden ist ausgeschlossen. Die Rezepte sind üblicherweise für 4 Personen ausgerichtet.

Besuchen Sie uns im Internet
www.umschau-buchverlag.de

Titelfotografie: Mechthild Schneider, Saarbrücken
Landschaftsaufnahme: Streuobstwiese im Bliesgau
Die Foodaufnahme zeigt das Gericht *Lammfilet in Kräuterkruste*, zubereitet von Party Service Kurt Haas, Heusweiler-Obersalbach. Die Buchrückseite zeigt das Saarbrücker Schloss, die Fußgängerzone in Merzig und den Stausee Losheim.

Wir bedanken uns für die freundlicherweise zur Verfügung gestellten Fotos bei: Hotel-Restaurant Landhaus Rabenhorst / Daniel Batschak (S. 18 oben); HGS Hotel- und Gaststättenbetriebsges. mbH (S. 26 unten, S. 27 oben und Mitte); Kochkultour Kai Mehler / Thomas Adel (S. 38, S. 39 unten links); Gourmet-Markt Saarbrücken-St. Arnual / Foto Tom Gundelwein (S. 42-43); Martinshof GmbH (S. 48, S. 49 unten links und rechts); Tourismus Zentrale Saarland / www.tourismus.saarland.de (S. 12-13, S. 16-17, S. 31, S. 40, S. 41 oben links und rechts, S. 52-53, S. 58 links oben, S. 59, S. 60 unten rechts, S. 70-72, S. 84-85, S. 118 links); Restaurant Altes Pförtnerhaus / Thomas Reinhard (S. 62 unten), Foto Schönmann (S. 62 oben, S. 63 oben), Silvia Rolli (S. 131); IKS Industriekultur Saar GmbH (S. 58 links unten und rechts, S. 64-66); Gasthaus Rech / Halz Marketing, Manfred Halz (S. 75 oben); Parkhotel Albrecht (S. 80, S. 81 unten); Hotel Mühlenthal GmbH / Michael Haas (S. 82); Akzent Hotel Posthof / MarketingAgenten, Saarlouis, Benjamin Theobald (S. 86 unten, S. 87 unten); D'Angelo Pasta GmbH (S. 88, S. 89 unten); Weingut Karl Petgen / Werbeagentur Herber & Herber, Josef Brockschneider (S. 106-107); Victor's Residenz-Hotel Schloss Berg / © Gerd Spans (S. 108, S. 109 oben und unten rechts); Weingut Herber (S. 111 oben); Hochwald-Touristik GmbH (S. 112-113); Parkhotel Weiskirchen / DH Studio, Dirk Holst (S. 114, S. 115 oben links und rechts, S. 128); Restaurant La Küsine / Foto Prisma, Saarlouis (S. 116, S. 117 Mitte und unten); Schmidt Küchen GmbH & Co. KG (S. 120-121); Restaurant Grill au Bois (S. 126-127).

Wir bedanken uns bei der Tourismus Zentrale Saarland für die Unterstützung bei der Erstellung des Textes auf S. 52-53.